O Anjo Interior

Chris Widener

O Anjo Interior

SEXTANTE

Título original: *The Angel Inside*

Publicado nos EUA por Doubleday, um selo do The Doubleday Broadway Publishing Group, uma divisão da Random House, Inc., Nova York.

Tradução
Bernardo Araújo

Preparo de originais
Melissa Lopes Leite

Revisão
Cristhiane Ruiz, Hermínia Totti e Tereza da Rocha

Projeto gráfico e diagramação
Ilustrarte Design e Produção Editoral

Capa
Raul Fernandes

Impressão e acabamento
Yangraf Gráfica e Editora Ltda.

CIP-BRASIL. CATALOGAÇÃO-NA-FONTE
SINDICATO NACIONAL DOS EDITORES DE LIVROS, RJ

W63a Widener, Chris
O anjo interior / Chris Widener [tradução de Bernardo Araújo]. – Rio de Janeiro: Sextante, 2009.

Tradução de: The angel inside
ISBN 978-85-7542-504-6

1. Orientação profissional. 2. Profissões – Desenvolvimento. I. Título.

09-3401 CDD: 650.14
CDU: 331.548

GMT Editores Ltda.
Rua Voluntários da Pátria, 45 – Gr. 1.404 – Botafogo
22270-000 – Rio de Janeiro – RJ
Tel.: (21) 2286-9944 – Fax: (21) 2286-9244
E-mail: atendimento@esextante.com.br
www.sextante.com.br

Para Lisa, Christopher,
Hannah, Rebekah e
Sarah – meus anjos!

Sumário

Prefácio

Às vezes a ficção pode ser mais verdadeira do que a realidade.

Uma boa narrativa não serve apenas para divertir – ela também instrui. Esse é o caso de *O Anjo Interior*. Chris Widener inseriu lições fundamentais numa história que nos prende do início ao fim, educando nossa mente e tocando nosso coração.

Já tive a felicidade de ver de perto o *Davi*, de Michelangelo, em uma visita a Florença. Fotografias e descrições verbais não dão conta da magnitude da escultura que esse artista criou com tanta maestria.

O *Davi* está exposto num museu dessa cidade grande e movimentada. As pessoas que moram ou que passam por lá são dos mais variados tipos. Algumas têm um nível de escolaridade alto, outras estudaram pouco; algumas são muito ricas, ao passo que outras mal se sustentam; algumas levam a vida com total liberdade de escolha, enquanto outras são mais limitadas pelas circunstâncias.

Acredito que o *Davi* nos lembre o que podemos vir a ser, independentemente do que somos hoje. Ele é um ideal de beleza e perfeição que nos inspira a desejar uma graça maior na nossa própria vida.

As verdades simples que aprendemos em *O Anjo Interior* se destacam justamente pelo fato de vivermos num mundo tão complexo. Estamos ansiosamente buscando a essência, o alicerce, que nos ajudará a construir uma vida e uma carreira bem-sucedidas.

Concordo com Chris: existe uma obra-prima dentro de cada um de nós, esperando para se revelar. Infelizmente, nem todos descobrirmos o nosso potencial ou como explorá-lo. Mas tenho certeza de que, depois de ler este livro, você vai perceber melhor o potencial que Deus lhe deu, para fazer da sua vida a obra-prima que ela deve ser.

– Mark Sanborn, autor de
Você não precisa ser chefe para ser líder

I

Encontrando o anjo que existe dentro de você

Cada um de nós possui essa incrível capacidade de ser tanto rei quanto guerreiro, uma pessoa de valor e de conquistas – de beleza e de poder.

Tom Cook tinha ido à Europa em busca de orientação para sua vida, mas, quando lhe restava apenas um dia de viagem, ele chegou à conclusão de que estava longe de alcançar seu objetivo.

Frustrado com os problemas que vinha enfrentando em casa e no trabalho, ele tinha planejado uma "fuga" de duas semanas para esfriar a cabeça e se encontrar. Também acreditava que um tempo longe dos Estados Unidos aliviaria a pressão que sentia na empresa e lhe permitiria pesar com calma algumas decisões a respeito do seu futuro. Ele já havia passado pela Inglaterra, França e Espanha, mas ainda não tivera nenhum insight sobre si mesmo nem sobre o rumo que sua carreira estava tomando. Continuava tão confuso quanto no dia em que partiu de Nova York. Era seu terceiro e último dia em Florença, na Itália, destino final de seu itinerário, e seu tempo estava se esgotando. Então algo inesperado aconteceu...

Florença. Cidade de romance, arte, comida e vinho. A maioria dos turistas que a visita fica deslumbrada com sua beleza. As mais belas obras-primas do mundo se encontram em seus museus. Alguns dos nomes mais famosos, criativos e influentes da história nasceram e viveram nesse eixo cultural inigualável de história e arte. Tom imaginara que seria o lugar perfeito para encontrar orientação, alegria e inspiração.

Era o início da tarde e ele estava sentado num banco de uma praça movimentada. Estava cansado. Cansado de viajar. Cansado de procurar. Cansado da vida. Simplesmente cansado.

Com a mochila pesada a seus pés, Tom observava o mar de gente indo e vindo, correndo da mesma forma que se faz em Nova York. Uns pareciam felizes, outros davam a impressão de que tinham pressa de chegar a algum lugar e havia aqueles que andavam com a pessoa amada, olhando nos seus olhos. Mas tudo o que Tom via era um mar de gente, que trazia mais perguntas do que respostas. *Para onde vão? O que buscam com tanta ansiedade? São felizes?* Ele odiava ter que admitir isso, mas, aos 30 anos, era um cético. Com certeza não era feliz, e não conseguia imaginar que alguém pudesse ser. A vida não funcionava daquela maneira.

Ainda sentado, deixou a cabeça cair devagar nas mãos e perdeu contato visual com o mundo à sua volta. Sentia-se só, mesmo cercado de tantas pessoas. Então, quando já estava começando a ficar com pena de si mesmo, ouviu uma voz:

– Ora, ora. Você é muito jovem e muito bonito para estar com o coração tão triste.

Tom levantou os olhos com desânimo para ver o que tinha interrompido sua autocomiseração. Era um senhor idoso. Por educação, ergueu lentamente a cabeça, ainda sem dizer nada, e pôs-se a examiná-lo. Ele era o contraste em pessoa. Por um lado, tinha aparência rústica e, por outro, um ar elegante. Era velho, com certeza. Setenta anos, talvez? Setenta e cinco? Com o cabelo castanho-escuro desgrenhado e a barba por fazer, parecia estar a caminho do barbeiro. Magro, de estatura mediana, tinha bíceps e antebraços fortes que não combinavam com o resto do corpo. O rosto enrugado e as mãos calejadas pareciam ser de um operário, mas as roupas denotavam bom gosto: dava para ver que não haviam sido compradas numa loja qualquer. Ali estava um homem que contratava os serviços de um alfaiate. Usava uma boina sofisticada e, mesmo despenteado, seu cabelo escapava por baixo dela com o charme de um artista. Vestia uma camisa de seda com uma bela estampa e calças igualmente elegantes. Seus sapatos de couro eram impecáveis.

O velho voltou a falar.

– Sim, você está triste. Posso ver.

Sem pedir licença, sentou-se ao lado de Tom. O jovem não acreditava no que estava acontecendo. Ele ainda estava às voltas com sua depressão.

– Mas também vejo que você tem muitas razões para ser feliz. Diga-me, como se chama?

– Tom.

– Tom? Tom... De Thomas?

– Sim.

– Ah. Thomas é o nome inglês para Tomé, o cético – sorriu o velho. – Do que você duvida, Thomas?

Tom pensou: *Do que duvido? Que maluquice. Tem um italiano doido sentado ao meu lado.* Finalmente, ele respondeu:

– Olhe, obrigado pela preocupação, mas realmente não tenho nenhuma dúvida no momento.

– Perdoe-me, Thomas. Sei que deve achar que estou me intrometendo, mas minha intuição nunca falha. Sou bastante experiente e já vi muita coisa. Percebo que você está duvidando. Mas talvez não goste dessa palavra. Bem, então o que o incomoda, meu jovem?

Tom decidiu levar o velho na brincadeira. Que mal faria? Afinal, as coisas não poderiam piorar.

– Bem, vejamos: acabo de fazer 30 anos e não estou nem perto de onde gostaria de estar na minha carreira. Meu chefe acha que não tenho potencial, ou pelo menos é o que parece, já que ele vive me dando tarefas que ninguém quer. Meu trabalho é monótono e parece que jamais me levará aonde quero ir. Minha namorada acabou de me dar o fora porque não sou "um bom investimento". Até meus pais se perguntam quando vou começar a me destacar em alguma coisa. Sinceramente, estou me achando um inútil.

Um jovem casal passou e pediu ao velho que tirasse uma foto deles. Ele assentiu e os dois fizeram uma pose rápida. Quando terminou, devolveu a câmera e os dois seguiram pela rua, rindo como crianças.

O velho se voltou para Thomas.

– Inútil? Entendo – disse ele. – Isso é de cortar o coração. Agora sei por que você está triste. Mas a maioria das pessoas desta bela cidade, especialmente os turistas, está feliz. – Ele fez uma pausa e então perguntou: – Há quanto tempo está em Florença?

– É meu terceiro dia.

– Três dias. Que maravilha! Quando vai embora?

– Amanhã, às oito e meia da manhã.

– Puxa! Então não resta muito tempo. Já viu um pouco da arte que temos aqui? – perguntou o velho.

– Claro – disse Tom. – Fiz um pequeno tour. Impossível visitar Florença e não conhecer suas obras de arte, não é?

– Você disse muito bem, jovem Thomas. Pessoalmente, acho que a arte é a razão mais importante para conhecer Florença. Imagino, então, que tenha visto uma das obras-primas de Michelangelo, *Davi, Il Gigante,* como o chamam.

– Sim, claro. É um gigante, de fato. Sem trocadilhos.

– Isso mesmo. O maior, na minha opinião. E, diga-me, Thomas, o que aprendeu com o *Davi*?

– O que aprendi? Hum... Não aprendi nada. Eu o vi. Ele era imenso. Nu. Muito legal. Depois saí.

– Meu Deus, você não aprendeu nada com *Il Gigante*? – O velho olhou o relógio. – São 13 horas. Vamos, não temos muito tempo – disse, já se levantando.

Thomas o olhou confuso.

– Vamos aonde? Fazer o quê?

Ele estava muito bem ali sentado. Agora esse velho metido a sábio queria arrastá-lo para um passeio surpresa.

– Ver *Il Gigante*, é claro! Há muito a aprender com ele e com Michelangelo. Vamos, você verá.

Isso é loucura. Mas o velho era tão cativante... Ele parecia inofensivo e, além disso, o que mais Tom faria no resto da tarde além de observar os pássaros pousarem na cabeça das estátuas?

Tom se levantou e pegou a mochila.

– Está bem. Então vamos.

O velho abriu um sorriso.

– Fantástico, Thomas. – Ele colocou um braço em volta de Tom e disse algo que o pegou de surpresa. – *O dia de hoje mudará sua vida para sempre.*

Assim começou a jornada dos dois até o pé da estátua de Davi, na Galleria dell'Accademia. Caminharam pela cidade a passos largos. *Este velho anda depressa!*

– Senhor, será que podemos ir mais devagar? Minha mochila está um pouco pesada.

O velho mal se virou enquanto dizia:

– É claro, me desculpe. É que estou animado para levá-lo até *Il Gigante*.

Sua velocidade, no entanto, quase não se alterou.

Seguiram até o fim da rua, cruzaram uma ponte, viraram à direita e depois à esquerda. Tom não pensara que ficasse tão longe. O velho o conduziu por uma feira, onde parou apenas para comprar pão de um vendedor, obviamente um conhecido. Ele o partiu em dois e deu um pedaço a Tom.

– Faça bom proveito! – disse, voltando a apertar o passo.

Tom bem que teria gostado de parar e sentir o cheiro da comida saindo do forno. Essa tinha sido sua parte favorita de Florença – o cheiro do vinho, do queijo, do pão e das frutas. *Devia ter me alimentado melhor no almoço.*

De vez em quando o velho cumprimentava alguém, ou batia no ombro de um conhecido. Finalmente chegaram à Galleria dell'Accademia, passando por fora da fila e indo direto para a entrada. A mulher na bilheteria parecia conhecer o velho e, com um aceno, permitiu que entrassem. Tom estivera lá alguns dias atrás. Como dissera ao velho, tinha ido porque é o que todo turista faz em Florença – reverenciar o *Davi*. De alguma forma, a estátua não lhe parecera tão genial na outra visita. Dessa vez, no entanto, foi diferente. Ele a achou... extraordinária. Foi estranho. Só agora ele notou o teto vazado, a beleza do salão e o eco do lugar. As pessoas pouco falavam na presença do *Davi*.

Os dois olharam a estátua por um instante e o velho disse com admiração:

– Não é lindo? Grandioso!

– É *grande*, com certeza.

– Sim! É mesmo um gigante: 4 metros de altura. Michelangelo precisou de 28 meses para esculpi-lo, de cabo a rabo!

Ficaram em silêncio. Tom achou que o velho estava realmente apreciando aquele momento. Ele olhava a estátua como um pai orgulhoso.

Depois do que pareceu uma eternidade, o velho disse:

– Thomas, você está se perguntando por que eu o trouxe aqui?

– Com certeza isso passou pela minha cabeça. É claro que o *Davi* é maravilhoso e sei que Michelangelo foi um dos maiores artistas de todos os tempos. Mas o que isso tudo tem a ver comigo?

– Ótima pergunta. Já vou lhe responder, mas, antes disso, me diga: o que sabe sobre Michelangelo?

– Vejamos... ele era italiano.

O velho riu.

– Sim, era.

– Além disso, ele viveu entre o fim do século XV e o início do século XVI.

– Sim, ele nasceu em 1475, mas morreu em meados do século XVI, em 1564. Que mais?

– Ele era um artista incrível, que pintava e esculpia.

– Correto. Você sabe o que ele pintou e esculpiu?

– Só sei do *Davi* e da Capela Sistina.

– Há muitos outros. Você sabe mais alguma coisa sobre Michelangelo e *Il Gigante*?

– Não. Isso é tudo.

– Entendo – o velho parou para pensar. – Então podemos começar.

– Tudo bem. – Tom não podia imaginar o que viria a seguir.

– Vamos começar com uma história: um dia, Michelangelo estava trabalhando no bloco de mármore que se tornaria o *Davi* e uma criança apareceu na oficina. O menino perguntou por que ele batia com tanta força na pedra. Michelangelo disse: "Meu jovem, há um anjo dentro desta pedra e estou tentando libertá-lo." – O velho esperou suas palavras serem absorvidas. – Você entende a moral dessa história, Thomas?

Tom olhou para o *Davi* e refletiu. Depois de esgotar mentalmente as possibilidades, falou:

– Acho que ele quis dizer que estava tentando fazer algo belo a partir daquele mármore.

– Você está no caminho certo. Mas tem mais.

– Como assim?

– Deixe-me explicar. Na essência, você está correto. Mas há mais do que apenas aquilo que se vê. Há coisas que são específicas para você.

– Sou todo ouvidos.

– Thomas, o que as pessoas mais próximas pensam a seu respeito?

– Acho que gostam de mim. – Ele se corrigiu: – Elas me amam. Mas... – Tom parou de falar e olhou ao longe.

– Sim? – disse o velho, em tom inquisitivo.

– Elas não acham que eu tenha feito muito com a minha vida, ou que esteja fazendo, ou mesmo que seja capaz de fazer. Me veem, basicamente, como um perdedor.

– O que quer dizer, exatamente? – perguntou o velho.

– Elas têm determinadas ideias sobre o que significa ser bem-sucedido, o que eu deveria estar fazendo, quanto tenho que ganhar, com que tipo de gente devo andar. Ideias diferentes das minhas.

– Hum. Isso deve ser doloroso.

– É. – Era bem doloroso, na verdade. Tom não esperava uma sessão de psicanálise.

– Deixe-me contar a história daquele grande bloco de mármore. A pedra foi cortada, para ser trabalhada, antes de Michelangelo nascer. Agostino di Duccio recebeu a encomenda de transformá-la em uma escultura em 1464, 11 anos antes de Michelangelo vir ao mundo. Mas Agostino não conseguiu decidir o que fazer e desistiu do trabalho. Em 1476, quando Michelangelo tinha apenas 1 ano, outro artista, Antonio Rossellino, foi contratado para esculpir aquele bloco de mármore. Como já havia acontecido com Agostino, ele não conseguiu enxergar o que o mármore poderia se tornar. Perguntou-se até a Leonardo da Vinci se ele queria trabalhar a pedra. Ele declinou por dois motivos. Primeiro, porque considerava a escultura uma arte menor. Ele era arrogante a esse ponto. Brilhante, mas arrogante. – O velho olhou para cima, com ar de contrariedade. – Segundo, ele também não via nada naquele mármore. Três artistas, um deles um dos mais famosos de todos os tempos, vieram antes de Michelangelo e não enxergaram o que estava escondido ali. Mas Michelangelo viu o anjo adormecido dentro da pedra, esperando para ser libertado, para inspirar Florença e o mundo!

O velho esperou uma reação.

– Thomas, vê o que estou tentando lhe ensinar?

– Mais ou menos. Bem, todos aqueles outros caras eram excelentes no que faziam. Mas nem eles conseguiram ver o potencial daquele mármore... É isso que você quer dizer?

Tom estava inclinado em direção à estátua, com a mão no queixo.

– Em parte, sim. Mas tem mais. É verdade que eles não enxergavam o que aquela pedra poderia se tornar. Mas as palavras de Michelangelo têm um significado mais profundo. Você compreende?

– Acho que não.

– Thomas, existe um anjo dentro de *você*. Existe um ser pleno de *beleza*. Existe um ser com *poder*. *Davi* representa os dois. Se está lembrado, o Davi que foi rei de Israel era um homem bastante incomum. Não há muitas pessoas com interesses tão diversos que vão desde escrever poesia e tocar harpa até matar gigantes e ir para a guerra. Davi, tanto o homem quanto a estátua, era belo *e* poderoso. Há uma lição nisso. Todos temos a nossa beleza. Temos valor apenas por sermos quem somos. E também somos capazes de demonstrar um poder extraordinário. Podemos nos tornar pessoas de grandes conquistas. Podemos encarar os gigantes na nossa vida, da mesma forma que Davi, e vencer.

O velho olhou para Tom, para ver se ele estava acompanhando. Percebeu que o jovem começava a entender, mas suspeitava que ele ainda duvidasse ser capaz de fazer algo especial.

Apesar do seu ceticismo, Tom queria ouvir mais.

– Continue – disse ele.

– Pense na rejeição que aquele mármore sofreu. Davi estava lá desde o começo. Muitos olharam aquele bloco de pedra e não viram *nada*. Nada! Nenhum potencial. "O mármore foi cortado muito fino", alguns disseram. Mas Michelangelo teve a *visão* do que ele se tornaria. – O velho continuou desenvolvendo sua teoria. – Você conhece bem a história do verdadeiro Davi, Thomas?

– Menos do que conheço a de Michelangelo – Tom respondeu com um sorriso.

– Tudo bem. Você vai aprender hoje *e isso mudará sua vida para sempre*. Deixe-me contar uma história sobre a vida do verdadeiro Davi: Deus falou ao profeta Samuel que ele encontraria o próximo rei na casa de um homem chamado Jessé. Então Samuel foi até a casa de Jessé e disse isso a ele. Depois pediu para ver seus filhos. Um a um, Samuel examinou cada um deles e foi dispensando todos. Quando chegou ao fim, estava um pouco confuso. Perguntou se havia mais filhos e Jessé disse que havia mais um, mas que certamente não seria ele. Era apenas um pastor, cuidava das ovelhas. Samuel perguntou a Jessé o nome do menino. *Davi*. Quando este foi apresentado a Samuel, ele soube imediatamente que aquele seria o próximo rei. Jessé não podia acreditar, mas Samuel disse uma verdade profunda em resposta à sua descrença: "Os homens olham o exterior, mas Deus olha o interior."

– É uma linda história – disse Tom.

– Sim, Thomas. Esta é a primeira verdade que você deve conhecer para se tornar a pessoa que deseja ser. Não importa o que pensa sobre sua vida atual, ou o que acha que seu pai pensa. O fato é que existe um anjo adormecido dentro de você. Cada um de nós possui essa incrível capacidade de ser tanto rei quanto guerreiro, uma pessoa de valor e de conquistas – de beleza e de poder. Quando você entender, quando adotar essa ideia e realmente começar a acreditar nela, sua vida mudará para sempre. Seu destino estará nas suas mãos.

– Compreendo o conceito, mas como vou acreditar que isso vale para mim? Afinal, não há sinal de nada disso na minha vida.

– Meu rapaz, você não está enxergando longe o suficiente. É preciso procurar isso no seu interior. Às vezes você terá que insistir na verdade por um bom tempo, lembrando-se dela todos os dias, até que um dia ela será sua. Você vai finalmente acreditar. Mas existe uma maneira de estimular essa crença. Permita-me perguntar: onde está o seu talento? Todos têm um talento. Quando souber, terá uma ideia de como será o seu anjo.

– Acredite se quiser, sempre tive uma veia criativa. Quando eu era criança, inventava histórias para contar aos amigos e familiares, montava peças de teatro bobas, escrevia contos, coisas assim. Mas nunca investi muito nesse lado.

– Muito bem. Você é um criador. É um belo dom. Como o aproveita no seu trabalho, Thomas?

– Aí é que está o problema. Eu não aproveito. Fiz um MBA e fui trabalhar numa das empresas da *Fortune 500*, no departamento de fusões e aquisições. Processo um monte de cálculos e avalio planos de negócios. Depois encaminho minhas análises para o pessoal que toma as decisões. Sou uma engrenagem na máquina dos negócios.

Tom se inclinou para trás, olhou para cima e soltou um suspiro de desespero... ou de resignação.

– Diga-me, como você foi parar nesse ramo?

– Adivinhe! Por causa do meu pai. Ele é presidente de uma grande corporação, ganha alguns milhões de dólares por ano e viaja no jatinho da empresa. Ele me pressionou. Desde o ensino fundamental eu já ouvia: "Tom, o mundo não vai lhe dar nada. Você terá que agarrar o que quiser. E, para isso, deve ganhar dinheiro. E, para ganhar dinheiro, precisa entrar no mercado dos grandes negócios." E também fazia questão de acrescentar: "Tom, esta é a regra de ouro: aquele que tem o ouro dita as regras." Por anos pensei que esse fosse mesmo o caminho.

– E assim você foi tentar ganhar dinheiro?

– Tentei o ramo dos negócios porque era lá que estava o dinheiro, segundo meu pai. Eu achava que ele ficaria feliz e orgulhoso de mim.

– Thomas, não o conheço bem, mas conheço muitos jovens parecidos com você, que precisam descobrir seu Anjo Interior. A casca exterior deve cair para que você e o mundo vejam a beleza que mora dentro dela. Você ainda tem que mostrar totalmente seu valor. Antes de poder fazer isso, precisa acreditar e começar a busca do anjo dentro de você.

Tom ficou em silêncio, tentando compreender o que o velho lhe dizia. Teoricamente ele acreditava em tudo, mas não conseguia ver aquilo em sua própria vida. Tinha passado tantos anos tentando se tornar a pessoa que os outros queriam que ele fosse, que se perguntava se seria mesmo capaz de encontrar seu verdadeiro eu.

Depois de um momento, o velho voltou a falar.

– Não encontrará todas as respostas numa única tarde, meu caro. Ainda assim, posso lhe dizer que a semente desse pensamento pode ser plantada dentro de você. Com o tempo, ela vai germinar e se tornar uma força motriz na sua vida. Você aprendeu agora a primeira lição: não importa o que os outros digam, existe um anjo no seu interior, esperando para ser libertado. Com o tempo, você vai encontrar esse anjo e deixá-lo alçar voo.

– Gostaria que alguém dissesse isso ao meu pai – comentou Tom.

– Talvez caiba a você dizer.

2

O PODER DE SEGUIR SUA PAIXÃO

Chega um momento na vida de cada pessoa em que ela precisa decidir se vai buscar o que quer para si mesma ou seguir o que os outros querem.

Thomas, isso nos leva à segunda lição que você deve aprender com *Il Gigante*... – O velho fez uma pausa, com o rosto imerso em pensamentos.

– Que seria...? – perguntou Tom.

– Imagine se o *Davi* nunca tivesse sido esculpido. Ou se a Capela Sistina não tivesse sido pintada. Duas das maiores obras de arte, amadas e admiradas por pessoas do mundo inteiro. – O velho agitava as mãos. Ao chegar mais perto, falou, calmamente: – Veja bem. Nada disso teria sido possível se Michelangelo houvesse seguido os desejos do pai.

Ele se virou e olhou para o *Davi*.

– Não entendo. O que quer dizer? Quais eram os desejos do pai dele?

O velho respirou fundo.

– Isso é muito importante para você, assim como foi para Michelangelo. Ouça mais uma história: o pai de Michelangelo se chamava Lodovico. Era um bom homem que trabalhava para o governo de Florença. Tinha algumas propriedades e uma reserva em dinheiro, mas, à medida que ficava mais velho, foi vendo sua riqueza diminuir. Sua esperança era que os filhos devolvessem a honra ao nome da família. Queria que ganhassem dinheiro, possuíssem terras e tivessem amigos na classe dominante. Quanto a Michelangelo, seu pai gostaria que se tornasse um mercador respeitado em Florença. Mas, assim como você, Thomas, o jovem Michelangelo tinha outras ideias.

– Qual era a idade de Michelangelo quando isso aconteceu?

– Tudo começou quando ele era um menino. Aos 13 anos, tornou-se aprendiz de Domenico Ghirlandaio, um pintor conhecido. Isso, no entanto, enfureceu Lodovico. Não era esse o caminho que ele queria para o filho. Eles passavam a maior parte do tempo discutindo. O pai fez o que pôde para deter Michelangelo, pois achava que ser artista era algo para o populacho.

– O que aconteceu, então? Quer dizer, conheço o fim da história, mas o que fez Michelangelo seguir em frente?

O velho se virou para Tom e ergueu a mão esquerda no ar, pondo em riste o dedo indicador, para marcar uma ideia.

– Esta, Thomas, é a segunda lição, *e ela mudará sua vida para sempre.*

Ele tem mesmo uma queda para o drama, pensou Tom.

– Preste atenção: não importa o que os outros pensem que você deve fazer ou se tornar, *você sempre deve seguir a sua paixão, e só a sua paixão.* Foi isso que Michelangelo fez. Ele virou as costas para o pai. Encontrou um mentor. Tornou-se aprendiz de Ghirlandaio e começou a dominar sua arte. Pouco depois, quando Ghirlandaio já sabia que Michelangelo era especial, o jovem artista se mudou para a casa de Lorenzo de Medici, que pertencia a uma das famílias mais poderosas de Florença. Lorenzo era um mecenas das artes e apadrinhou Michelangelo. Foi a sorte dele!

– O que fez Loda... Lovi... O pai de Michelangelo?

– Lodovico? Não havia nada que pudesse fazer. Michelangelo estava perseguindo sua paixão. Foi só depois que Michelangelo começou a se destacar que Lodovico, ainda relutante, deu seu consentimento. Pense por um instante, Thomas. O que aconteceria se você simplesmente deixasse seu trabalho atual e começasse a fazer algo que ama, algo que faz seu coração vibrar... a sua *paixão*?

– Meu pai me mataria – disse Tom, sem expressar qualquer emoção.

– Não, é claro que ele não faria isso. Qual seria realmente o problema, Thomas? Pense. A resposta está aí mesmo.

– Ele me desprezaria – disse Tom, baixando os olhos.

– Pelo que você está me contando, isso é bem provável. Ele o desprezaria. E é por isso mesmo que o seu anjo ainda está adormecido dentro da rocha, em vez de se mostrar como o rei guerreiro. É por isso que você está frustrado. É por isso que seu coração dói.

– Mas o que devo fazer? Tenho 30 anos. Meu pai gastou milhares de dólares na minha formação com o intuito de me tornar um homem de negócios. Com todo o respeito, não sou um prodígio de 13 anos na Itália do século XV.

– E com todo o respeito, jovem Thomas, também não é grande coisa como homem de negócios, é? – *Ai,* pensou Tom. *Essa doeu.* Mas foi um ferimento superficial. O velho sorriu. – Não é um bom homem de negócios porque isso não está em seu coração. Não há nenhuma paixão aí. Como você mesmo disse, você é uma pessoa criativa. Precisa de um trabalho que lhe permita expressar essa criatividade. Processar cálculos não se enquadra nessa condição.

– Está bem, mas volto a perguntar: o que eu faço? A teoria não responde a essa pergunta.

– Peça demissão. Ou, pelo menos, comece o processo de afastamento do que está fazendo em direção ao que quer fazer. Você é jovem e não tem responsabilidades, como uma família para sustentar, por exemplo. Se fosse mais velho e tivesse mulher e filhos, eu o aconselharia a ir mais devagar, mas, mesmo assim, o incentivaria a se mexer. Você pode deixar seu emprego a qualquer momento, especialmente depois de aprender mais algumas lições sobre como criar a vida que deseja.

– Deixar o meu emprego? Isso não é possível.

– Não é possível ou não seria agradável? Há uma grande diferença entre as duas situações.

– Continue.

– Meu caro, o mundo está cheio de gente que não faz o que ama. A maioria das pessoas passa pela vida como uma pena levada pelo vento. Elas não têm um objetivo baseado na sua paixão, na sua força. São os homens e as mulheres que, segundo o seu conterrâneo, o filósofo Thoreau, "vivem num desespero silencioso". O tempo passa e, ao se aproximarem da morte, tudo o que lhes resta é arrependimento. E então não há mais nada a fazer. Suas vidas foram desperdiçadas porque não decidiram fazer o que queriam de verdade. Thomas, a pior coisa que pode lhe acontecer é decepcionar seu pai, certo?

– É, acho que seria a pior coisa. Não acredito que ele me deserdaria ou algo assim.

– Minha pergunta é: você acha que seu pai está decepcionado com você agora?

Seguiu-se um longo silêncio. Então Tom admitiu:

– Sim, tenho certeza de que está.

Ele odiava dizer aquilo. Sua vida inteira tinha sido dedicada a agradar o pai. Esse homem grandioso, tão bem-sucedido em tudo que fazia, era uma sombra em sua vida. Seu pai tinha sido um dos melhores alunos de sua turma, além de ser o principal jogador do time de futebol americano da escola. Formou-se em Harvard, com bolsa integral, e antes de conquistar o mundo dos negócios fez um mestrado na mesma universidade. Tom tentou, mas fracassou na tentativa de ser o que seu pai queria que ele fosse. Uma parte dele queria chorar bem alto, ali mesmo. Outra parte se sentiu livre. Ele estava começando a ser honesto consigo mesmo.

– Thomas, você nunca terá sucesso fazendo o que não quer fazer. Acabará se sabotando.

– Sei do que está falando. Ultimamente estou detestando tanto meu trabalho que chego atrasado quase todos os dias e fico navegando na internet quando deveria estar produzindo relatórios. Sei que com isso prejudico apenas a mim mesmo, mas acho que um lado meu está se rebelando contra esse emprego porque ele atende à vontade do meu pai, e não à minha.

– É bom que esteja reconhecendo isso. Há mais uma coisa que precisa perceber. Talvez seu pai acabe sempre decepcionado com você, e não há nada que possa fazer a respeito disso, *mas, se não buscar sua paixão, você estará sempre infeliz*. É claro que existe uma saída: você pode tomar a difícil decisão de pedir demissão e começar a perseguir o que ama. Sim, seu pai vai ficar decepcionado, mas, pelo menos, você fará algo com paixão e isso o levará ao sucesso.

– É, acho que não posso mesmo controlar o que meu pai pensa.

– Claro que não. Seu pai é apenas um homem, Thomas. Ele um dia foi um menino, que, por sua vez, foi moldado pelos pais. Eles impuseram a própria vontade ao filho e ele fez o mesmo com você. Errar é humano, certo? Se não prestarmos atenção, passamos muitas coisas prejudiciais aos nossos filhos. Seu pai acha que o dinheiro é o que determina uma conquista. Não é verdade, e você sabe disso.

Thomas não dizia uma palavra.

– Chega um momento na vida de cada pessoa em que ela precisa decidir se vai buscar o que quer para si mesma ou seguir o que os outros querem. Muitas vozes aparecerão para tentar influenciá-lo. Seus pais vão pressioná-lo, na maior parte do tempo com boas intenções, porque eles o amam. Irmãos e irmãs julgarão suas decisões. Os amigos vão depreciá-lo, alguns poderão até abandoná-lo. Mas a verdade será sempre a mesma: *é a sua vida, não a deles.* O que acha disso?

– Acho que estou vivendo a vida do meu pai, não a minha.

– É o que parece. Mas ainda não é tarde demais. Você tem apenas 30 anos. Mas, mesmo que tivesse 60, nunca é tarde para mudar e viver pela sua paixão. – O velho parou para deixar que suas palavras fossem absorvidas e depois continuou. – Sabe o que considero a mais bela ironia na história de Michelangelo?

– O quê?

– Lodovico estava preocupado principalmente com dinheiro, reputação e classe, como o seu pai, e não queria que o filho fizesse nada que fosse considerado um trabalho menor. Mas, ao seguir sua paixão, Michelangelo redefiniu o que se entendia por classe. Suas obras de arte não têm preço. As pessoas vêm de toda parte para ver suas criações e admiram-nas maravilhadas, encantadas com sua beleza sofisticada e rica em detalhes. Apostando no próprio talento, ele conseguiu conquistar o que seu pai, na verdade, queria: respeito pelo nome da família. Se ele tivesse se tornado um comerciante florentino, o mundo jamais teria conhecido o nome Michelangelo.

A cabeça de Tom estava a mil. Ele se sentia vivo, ou, pelo menos, como se começasse a viver. A possibilidade de fazer algo diferente de fusões e aquisições comerciais o empolgava. Parecia que ele jamais tinha tido essa opção e agora ela podia se tornar realidade. As palavras do velho ecoavam em sua mente.

Mas ele ainda tinha preocupações. Mudar de carreira parecia um grande salto – um salto empolgante, mas um grande salto, ainda assim. Ele pensou na forma como Michelangelo aprendera com Ghirlandaio, e percebeu que também precisaria de um mentor para ajudá-lo a passar pela transição. Talvez isso facilitasse as coisas. Começou então a pensar em estradas criativas para seguir e em quem poderia ser seu mentor.

"*Este dia vai mudar sua vida para sempre.*" Ele estava prestes a acreditar que talvez o velho estivesse certo. Um encontro casual num banco de praça, numa cidade do outro lado do mundo, seria mesmo um marco decisivo em sua vida? Olhou o relógio. Três horas. Eles estavam juntos havia quase duas horas. Parecia que foram alguns minutos, e agora ele queria aprender tudo o que pudesse com o velho no tempo que restava.

– Está bem – disse Tom. – Estou praticamente certo de que aprendi as lições um e dois. E agora?

– Você é um bom aluno, Thomas. Aprende rápido quando se dedica. Seu teste será se lembrar dessas verdades mais tarde e aplicá-las.

– Eu vou me lembrar, não se preocupe. O que mais?

3

Confiando na própria força

Para ter sucesso, você deve encontrar autoconfiança nas coisas que faz bem, e então persistir nelas.

– É hora de olharmos *Il Gigante* mais de perto – disse o velho, andando em direção à estátua. – Vou lhe ensinar mais algumas coisas e depois vou levá-lo a outro lugar.

Tom o seguiu até que os dois estivessem bem em frente ao *Davi*. Ele ficou impressionado com o tamanho da estátua. Não tinha chegado tão perto na primeira vez que a viu.

– Então, qual é a próxima lição? – perguntou Tom.

– O que você vê à sua frente, Thomas?

– Vejo... uma estátua.

– Você é perspicaz – brincou o velho. – Deixe-me ser mais direto: como está o humor de Davi?

– O humor?

– Sim, o que você vê?

Tom pensou.

– Pode me dar uma pista? – pediu.

– Muito bem. Com relação à batalha com o gigante Golias, que momento a escultura simboliza?

– Não sei.

– Antes ou depois? – rebateu o velho.

Tom olhou o *Davi* de cima a baixo. Atiradeira sobre o ombro. Pedra na mão. Observando alguma coisa à esquerda, provavelmente Golias. Sobrancelha franzida pela concentração. Ficou claro.

– Antes. Pouco antes.

– Sim.

– O.k., mas por que isso é importante?

– Mais um pouco de história para você, meu jovem. Tradicionalmente, as estátuas de Davi retratavam-no logo *após* a batalha. Em geral, esculpia-se a cabeça decepada de Golias aos pés de Davi. Michelangelo trouxe Davi à vida pouco *antes* de matar o gigante. Ele fez isso por causa da situação política na época da criação da estátua. A Itália não estava unificada. Havia muitos feudos e cidades, como Florença, que viviam constantemente preocupados com ataques de exércitos. Naquela época, as estátuas valiam por sua beleza, é claro, mas também serviam como afirmações políticas de poder. A de Davi foi feita para ficar em um lugar importante, o Palazzo Vecchio, com o intuito de dar um recado ao povo de Florença e a qualquer um que pensasse em atacá-la. Foi por isso que lhe perguntei qual o humor atribuído a Davi nesta representação. Depois do que acabou de aprender, o que você acha que a estátua representa?

Tom observou-a atentamente, sem sucesso.

– Não sei.

– Eis o que Davi disse a Golias pouco antes de matá-lo com a pedra: "Vou derrubá-lo e cortar sua cabeça. E darei hoje os cadáveres do exército dos filisteus aos pássaros do céu e aos animais selvagens da Terra." Agora, sabendo que foram essas as palavras que Davi dirigiu àquele gigante monstruoso apenas um instante antes do momento que ele representa aqui na nossa frente, o que você diria que ele estava sentindo?

Tom olhou a sobrancelha de Davi. Então achou que tinha entendido.

– Confiança. Ele se sentia confiante.

– Thomas, você está aprendendo! É exatamente isso. Michelangelo quis mostrar confiança. A confiança que Davi sentia antes de sua batalha era a mesma que o artista queria que Florença mostrasse a quem pensasse em conquistá-la. Ele queria que a cidade dissesse: "Se atacarem, morrerão."

– Então a lição é *confiança*?

– A lição diz que, para conseguir o que quer na vida, você precisa se sentir confiante. E no que diz respeito a perseguir suas paixões e usar suas forças, você deve *demonstrar* autoconfiança.

– E se você não tem autoconfiança?

– Diga-me, meu jovem, você sabe o que quer dizer confiança, literalmente?

– Não. O quê?

– Em latim, confiança significa "com fé". Então autoconfiança significa fé em si mesmo.

– E se você não tem fé em si mesmo?

– Você deve ter fé em algum aspecto seu. Por exemplo, existem muitas coisas que não faço bem. Entretanto, em alguns assuntos sou especialista. Deposito nesses a minha confiança. Para ter sucesso, você deve encontrar autoconfiança nas coisas que faz bem, e então persistir nelas. Como o *Davi* tem mostrado aos visitantes que vêm a Florença há centenas de anos, *o segredo é se manter confiante em tudo o que fizer.*

– Como eu faço isso?

– Quando voltar para casa, comece a passar algum tempo trabalhando com o que lhe permita usar suas qualidades. Embora eu o conheça há pouco tempo, vejo que elas são muitas. Você é aberto a mudanças e a receber conselhos. É um bom aluno, tem vontade de aprender. Ao encontrar um emprego em que possa aproveitar isso, vai se sentir e se tornar mais confiante. Atualmente não tem confiança porque não é bom no que faz. Você é lembrado, consciente e inconscientemente, todos os dias, de que não é bom no que passa a maior parte do dia fazendo. Isso alimenta as dúvidas, o medo e, finalmente, o desespero. As pessoas devem trabalhar seus pontos fortes. É daí que vem a confiança.

– Certo. Entendi.

– Que bom. Podemos ir em frente?

– Espero que sim – disse Tom, animado. O velho tinha razão: ele estava gostando muito do papel de aluno.

4

A BELEZA ESTÁ NOS DETALHES

Os mestres, aqueles que obtêm enorme sucesso e estabelecem o padrão para os outros, são os que dominam os detalhes.

– Muito bem. Então veja uma outra coisa no *Davi*. Quero que você ande em volta da estátua quantas vezes forem necessárias para pensar no seguinte: ela é, de longe, a estátua mais famosa de Davi, talvez a mais famosa na história da humanidade. Por que, com tantos *Davis*, esta estátua à sua frente é considerada a mais bela? Agora ande, observe e deixe a resposta vir até você. Quando isso acontecer, terá aprendido a quarta lição para uma vida de realizações. – Tom hesitava. – Vá – insistiu o velho.

Tom levou quase 10 minutos estudando o *Davi* de todos os ângulos. Andava, parava e olhava por alguns minutos, depois continuava. Finalmente voltou e ficou de pé ao lado do velho. Assim que ele parou, um guarda do museu veio até os dois.

O guarda obviamente conhecia o velho.

– Mais um aluno? – perguntou a ele.

– Sim, e um dos bons.

O guarda se aproximou de Tom.

– Preste atenção. Este senhor já ajudou mais gente do que se pode imaginar. Vejo-o trazer pessoas aqui, uma de cada vez, há muitos anos. Tenho certeza de que ele lhe disse: "*O dia de hoje mudará sua vida para sempre.*" E é verdade, como você verá.

O guarda se virou para o velho.

– Continue com o bom trabalho. Conserte o rapaz. – E voltou à sua ronda.

– Até logo – disse o velho.

E então voltou sua atenção para a tarefa que tinha à frente.

– Bem, Thomas, a que conclusão você chegou, olhando *Il Gigante* tão de perto?

Tom olhava para o *Davi*.

– Não consigo ver. Desculpe. Estou deixando passar alguma coisa. – Ele se virou para o velho. – O que é?

O velho sorriu.

– Não vou lhe dar a resposta tão facilmente. Deixe-me perguntar: você considera *Il Gigante* realista?

– Sim, muito realista. Parece uma pessoa de verdade. É isso?

– Essa é a primeira parte. Existem muitas estátuas que, a distância, parecem reais, mas quando você se aproxima vê que são feitas de mármore. Elas deixam de ser tão realistas. Agora olhe de novo, o mais de perto que puder. Olhe a estátua para ver quanto ela lembra a forma humana com precisão. Vá em frente – disse ele, gesticulando a Tom para que circulasse novamente a estátua.

– É muito impressionante.

– É? O que chama a sua atenção?

– Os dedos dos pés. Os músculos das pernas. Os tendões. As veias. O abdômen e as costelas. Os ombros e os braços são exatamente como os de um homem. O maxilar, os olhos, a sobrancelha. E o cabelo. Tudo parece real.

– Sim, meu jovem. É isso que separa Michelangelo de todos os outros. São os *detalhes*.

– A lição são os detalhes? – perguntou Thomas.

– Não exatamente. A lição é: *a beleza está nos detalhes*.

– Ah, sim... Continue – disse Tom.

– A maioria das pessoas realiza trabalhos de qualidade mediana. Algumas ficam acima da média. Os mestres, aqueles que obtêm enorme sucesso e estabelecem os padrões para os outros, são os que dominam os detalhes. O fator que torna uma estátua conhecida por homens e mulheres de todas as culturas é a ênfase nos detalhes. A beleza de *Il Gigante* está aí.

– Como exatamente isso se aplica a mim? – perguntou Tom.

– Isso se aplica a todo mundo, Thomas. Não importa a atividade que exerça, você deve trabalhar sempre com o objetivo de alcançar a excelência absoluta, e a excelência vem do esforço de atentar para os detalhes. Na época de Michelangelo, os artistas tinham a oportunidade de dissecar cadáveres humanos para aprender anatomia. Muitos brincam que ele deve ter crucificado alguém para conhecer os detalhes de como teria sido realmente Cristo na cruz. É claro que isso não é verdade, mas ele de fato passou muito tempo estudando as formas humanas por meio da dissecação. O grande artista ficava horas vendo como o corpo era formado e como as diversas partes se sobrepunham umas às outras. Assim, quando levava o cinzel ao mármore, ele simplesmente revelava o que tinha visto num corpo humano de verdade.

– Hum. O.k., mas ainda não vi a utilidade disso para mim.

– Mas vai ver. Preste atenção. Quando trabalhamos numa área pela qual não temos paixão, quando não há prazer envolvido, é natural que façamos apenas o básico, alcançando no máximo um nível de qualidade mediano. Encontramos paixão naquilo que amamos, no que nos traz alegria. Podemos passar horas a fio trabalhando em nossas paixões, perdendo facilmente a noção do tempo. Ter paixão pelo trabalho é acordar de manhã e mal conseguir esperar para começar. É nos envolvermos tanto com os detalhes que acabamos esquecendo todo o resto. Michelangelo tinha esse tipo de paixão por seu ofício, e por isso mergulhava nos detalhes. Ele queria que cada estátua e cada pintura dessem a impressão de que iam ganhar vida de repente, com algumas exceções, sobre as quais você aprenderá mais tarde. Diga-me, isso se aplica a você? Você ignora os detalhes do seu trabalho porque não tem paixão pelo que faz?

– Bem, eu lido com cálculos e demonstrativos financeiros, então tenho que ser preciso, mas confesso que me vejo perdendo a concentração com mais frequência do que gostaria. Já é duro demais ter que aparecer no escritório todos os dias, imagine fazer mais do que deveria. Portanto não, não me prendo à "beleza dos detalhes", como você diz.

– Está vendo que tudo isso é uma progressão? Uma vez que tenha a sua paixão e um trabalho em que se destaque, você será capaz de criar sua própria obra-prima eterna: uma vida bela e poderosa. Quando voltar para casa e começar a trabalhar no que gosta, você não só terá a paixão para dominar os detalhes, como, pela primeira vez na vida, será *capaz disso*. Novos mundos se abrirão na sua frente.

Enquanto olhava o *Davi*, Tom recapitulou:

– Todos têm um Anjo Interior. Siga a sua paixão. Desenvolva a autoconfiança. E, finalmente, por enquanto, a beleza está nos detalhes.

– Você é um excelente aluno. Um dos melhores que já tive.

Tom se lembrou das palavras do guarda. Muitos "alunos" vieram antes dele. Ele se perguntou quem seria esse velho e como ele podia passar seus dias simplesmente passeando pela cidade, ajudando almas perdidas.

– Está pronto para a próxima lição, Thomas?

A pergunta trouxe Tom de volta à realidade.

– Sim, claro. Vamos lá.

Ele virou as costas para a estátua e começou a andar em direção à porta.

Mas o velho o deteve.

– Ainda não. Existe uma última lição aqui, antes de irmos.

5

Sua mão cria o que sua mente concebe

Nosso mundo é criado a partir da união do brilhantismo inventivo da mente com a firmeza e a habilidade diligentes da mão.

– Lembra-se do assunto sobre o qual eu disse que falaríamos mais tarde? – perguntou o velho.

– Ah, sim. Você disse que normalmente Michelangelo queria que suas estátuas parecessem reais, mas há algumas exceções, certo?

– Certo. Então olhe *Il Gigante* de perto mais uma vez. Quais as duas partes de seu corpo que estão fora de proporção?

– Bem, a cabeça, é claro.

– Sim. E o que mais?

Tom olhou a estátua de cima a baixo. E encontrou.

– As mãos! A cabeça e as mãos!

Ele ficou animado por ter enxergado.

– É isso mesmo. Agora, uma pergunta importante: por quê?

– Não tenho ideia.

– Vou lhe contar. Em primeiro lugar, havia uma razão prática para fazer uma cabeça tão grande. Michelangelo sabia que a cabeça de *Il Gigante* ficaria a uns 6 metros do chão, contando com o pedestal. É claro que, quanto mais longe está um objeto, menor ele parece. Ele fez a cabeça grande para mantê-la em um contexto, para que ela fosse vista na proporção certa em relação ao restante do corpo quando as pessoas olhassem dos pés da estátua para cima. Existe uma lição aqui, mas não é a mais importante. Algumas vezes partes da sua vida precisam ser maiores do que outras, para que haja equilíbrio. Muitas pessoas acreditam que deveríamos manter tudo igual, mas não é o caso se você quer se destacar. Se deseja ser um grande escritor, precisa passar mais tempo lendo e escrevendo do que, digamos, vendo televisão. Muitas pessoas almejam a grandeza, mas poucos se dão conta dos sacrifícios que precisam ser feitos para alcançá-la. É claro que existe uma lição ainda mais importante que Michelangelo nos ensinou ao esculpir a cabeça e as mãos maiores do que deveriam ser.

– Qual seria? – perguntou Tom.

– Você sabia que Michelangelo também era escritor, Thomas?

– Não, mas não me surpreende.

– Aliás, ele era muito bom. Uma das obras de Michelangelo fala de sua filosofia e nos dá indícios da razão por que ele fez as mãos e a cabeça de *Il Gigante* maiores do que deveriam ser. Em um de seus sonetos, ele diz:

O mármore ainda não esculpido pode conter a forma
De cada ideia que o grande artista tem,
Mas nenhuma concepção jamais vai se realizar
A menos que a mão obedeça ao intelecto.

– Você compreende essa lição? – perguntou o velho.

– Imagino que significa que a cabeça e as mãos são igualmente importantes. Elas têm que trabalhar juntas, é isso?

– Basicamente, sim. Michelangelo sabia que o nosso mundo – como uma estátua – é criado a partir da união do brilhantismo inventivo da mente com a firmeza e a habilidade diligentes da mão – da junção do poder da mente com a delicadeza do trabalho da mão. Esta é a quinta lição, a última a ser ensinada aqui: *você concebe seu mundo na sua mente e então o cria com as mãos.*

O velho olhou o relógio.

– Temos que ir logo, portanto deixe-me concluir. Thomas, você pode se tornar qualquer coisa que quiser na vida. Pode conquistar tudo o que desejar. Mas precisa estabelecer a conexão entre a cabeça e as mãos. Entende o que estou dizendo?

– Na verdade, não.

– A maioria das pessoas vive de uma forma ou da outra. Têm ideias surpreendentes, *sonham,* mas nunca vão adiante. Vivem apenas em suas mentes. Por outro lado, há pessoas que fazem o oposto. São capazes de agir, mas sem pensar. Produzem um movimento que não as leva a lugar nenhum. O segredo é este: *deixe sua mente conceber e sua mão criar*. Uma conquista verdadeira necessita das duas coisas.

O velho apontou para a estátua à frente deles e continuou:

– Enquanto Davi enfrenta Golias, ele concebe em sua mente o que quer fazer. Ele visualiza o gigante morto a seus pés e seu exército salvo. Mas se ele não tivesse treinado sozinho, durante anos, lançando inúmeras pedras em árvores e animais com sua atiradeira, se não tivesse habilidade suficiente para fazer sua mão obedecer à mente, a história teria terminado de forma muito diferente. Então ele vasculha o chão e pega as cinco pedras para abater o gigante. Isso acontece porque sua mão foi treinada para realizar o que sua mente decidira que deveria acontecer. Demonstrando habilidade, ele derrota o gigante com apenas uma pedra e conquista o trono. Quando a mente imaginar e a mão habilidosa conseguir realizar, você estará no caminho certo para ter uma vida poderosa. Thomas, essa é a última lição aqui. Dê uma boa e longa olhada no *Davi*. Ele foi muito útil para você hoje.

– Sim, foi mesmo.

– Venha, vamos embora. Precisamos visitar um amigo meu antes de irmos comer.

– Vamos comer?

– Sim, claro. Você não come? Vamos ver o meu amigo e aprender mais algumas lições. Depois comeremos.

6

A importância do planejamento e da preparação

O segredo é não andar rápido demais. Depressa o suficiente para chegar aonde quer, mas devagar o bastante para acertar na primeira vez.

Logo eles estavam novamente nas ruas de Florença. E o velho continuava a andar mais rápido do que Tom. Dessa vez Tom decidiu se deixar levar pelo orgulho e não disse nada, fazendo o possível para acompanhar o passo do outro. Carregando a mochila pesada – e suando em bicas depois de apenas alguns minutos –, ele mal conseguia emparelhar. *Esse cara deve ter sido da equipe italiana de atletismo!*

Eles avançavam, cruzando multidões. Tom fazia o que podia para seguir o velho e ao mesmo tempo tentar não derrubar alguma velhinha que por acaso atravessasse seu caminho. Então o velho parou, tão abruptamente quanto começara a andar, se virou, apontou para a porta de uma oficina no meio do quarteirão e anunciou:

– Chegamos, Thomas. Sua próxima sala de aula.

O velho abriu a porta para Tom. Um sininho na entrada anunciou a chegada deles, mas ninguém tirou os olhos do trabalho.

– Primeiro você – disse ele, e Tom entrou, esquadrinhando rapidamente a sala.

Que lugar interessante, pensou.

Havia meia dúzia de pessoas na oficina, todas concentradas em suas atividades. Cada uma delas parecia estar em um estágio diferente do processo de esculpir.

– Arturo! – o velho chamou com intimidade. – Arturo! Seu velho amigo está aqui!

Quase imediatamente um homem saiu de uma porta nos fundos da oficina. Aparentava cerca de 50 anos, era baixinho, troncudo e tinha os mesmos braços fortes do velho.

– Ah, é você! Reconheci sua voz. Já faz quanto tempo? Três semanas desde a última vez que o vi? – O homem o abraçou. – O que o traz aqui hoje? – Olhou para Tom. – Outro aluno?

Tom começava a achar que o velho dava um curso informal para turistas. Todo mundo parecia saber dele e de seus alunos.

– Sim, outro aluno, pode-se dizer. E este é especialmente brilhante. Eu o trouxe aqui para que visse, em primeira mão, como se cria uma obra-prima.

– Bem, talvez você não veja uma obra-prima hoje – disse Arturo –, mas poderá ver como alguém cria algo a partir do mármore duro e frio.

Tom continuou a examinar o lugar e percebeu que ansiava por esse momento. A ida à oficina despertou algo em seu lado criativo – um lado que ele negligenciava havia muito tempo.

– Por favor, desculpe a poeira. São os ossos do ofício – disse Arturo.

– Outro motivo pelo qual Leonardo não gostava de escultura – disse o velho. – Ele não gostava de se sujar.

– É, mas você e eu conhecemos a beleza de um trabalho duro, não é? – Arturo perguntou ao velho, com um olhar sagaz.

– É claro que sim.

Arturo os convidou a passear à vontade pelo lugar.

– Como sempre, minha oficina é de vocês. Por favor, me chamem se precisarem de alguma ajuda.

– Chamaremos – respondeu o velho.

Com isso, Arturo voltou ao trabalho.

O velho olhou em volta e respirou fundo. A oficina parecia fria para Tom. Tinha um cheiro característico, uma combinação dos materiais usados com o suor dos escultores. Havia poeira por todo lado e o som incessante do cinzel no mármore, batendo e raspando. Todos os artistas tinham o mesmo foco, embora cada um estivesse buscando seu próprio anjo.

O velho levou Tom até a primeira mesa. Sobre ela havia um pedaço relativamente pequeno de mármore que ainda não tinha sido tocado por um cinzel.

– Thomas, dê uma olhada nesta peça, aqui, intocada. E olhe a mesa inteira. O que você vê no mármore e na mesa?

– Bem, no mármore vejo muitas linhas. Imagino que nelas serão feitos os cortes ou sei lá como chamam. Na mesa vejo cinzéis, desenhos e pequenas estátuas de madeira. Ah, e uma estátua de barro.

– Certo. Agora, vamos à importância de cada elemento: criar uma estátua é bem parecido com criar uma vida. Se você vai se tornar aquele Thomas que deseja ser, precisará planejar e se preparar. A maioria das pessoas nunca faz isso, mas planejar o ajuda a acertar logo na primeira vez. Quando você trabalha com mármore, não tem muitas chances de errar. Um descuido pode arruinar uma peça inteira. Por isso é tão importante passar um tempo planejando o seu trabalho. Está vendo os esboços? Notou qual instrumento eles usam para desenhá-los?

– Lápis?

– Correto. Isso acontece porque nos desenhos você sempre pode apagar e recomeçar. No mármore, quando um pedaço é eliminado, não se pode voltar atrás. É preciso acertar de primeira. Às vezes, na vida, você consegue voltar atrás, como está aprendendo hoje. Mas vai perceber que um pouco de planejamento e preparação pode poupá-lo de anos de frustração e arrependimento. Faça *sempre* o esboço antes. Depois – continuou o velho – você produz um modelo. Alguns usam madeira para isso. Outros usam barro. Outros podem até usar mármore, embora isso não seja necessário. A ideia, Thomas, é ter certeza de que você está com tudo preparado antes de começar a esculpir.

– Faz sentido – disse Tom.

– Só então você traça no mármore definitivo o que será a escultura. Thomas, é incrível que tantas pessoas nunca planejem. Elas apenas sonham. Sonhar não é suficiente. É um começo, mas é preciso ter certeza de que o sonho é possível, ou mesmo desejável.

– Desejável? – perguntou Tom.

– Sim. Pense nisso por um momento. Muitos alunos crescem acreditando que um caminho de estudo e trabalho interessa a eles. Eles vão para a universidade e estudam. Fazem o trabalho intelectual, que é importante. Mas depois se formam, começam a trabalhar e logo percebem que não gostam daquilo. Quando chega essa hora, muitos acham que é tarde demais. Eles já se estabeleceram, estão ganhando dinheiro e acabam continuando a fazer algo que detestam.

Tom ouvia atentamente.

– Muitas pessoas nunca projetam sua vida futura. Elas não fazem a escultura em miniatura para descobrir se é aquilo mesmo que querem.

– Não sei se entendi bem.

– Sem problemas. Pense no professor que sempre quis ajudar as pessoas por meio do ensino mas que, quando inicia sua carreira, percebe que o dinheiro significa mais para ele do que imaginava. Como professor, ele não vai ganhar muito dinheiro. Mas agora ele está preso. Nunca parou para refletir sobre o fato de que desejaria ser bem recompensado. E agora ele acha que não conseguiria fazer outra coisa, seja por causa do investimento em sua formação, seja porque já foi longe demais na carreira ou porque tem medo do que os outros vão pensar.

– Sei como é.

– Um outro exemplo: um jovem que quer trabalhar no mercado financeiro sente, depois de alguns anos no ramo, que não suporta a pressão. As pessoas teriam muito mais prazer em suas vidas e carreiras se planejassem e não apenas estudassem, se tirassem um tempo para experimentar o trabalho que consideram ideal antes de investir todo o seu dinheiro na formação.

– Mas é para isso que as pessoas estagiam, afinal, não é? Você está dizendo que os estágios são inúteis?

– Não, de jeito nenhum. O problema é que eles não nos fornecem uma perspectiva muito ampla. São superficiais. Não mostram toda a realidade e, assim, não podem dar uma ideia exata do que será exercer determinada atividade como meio de vida. Deixe-me explicar melhor. Thomas, você fez estágio?

– Sim.

– E gostou?

– Gostei, foi legal.

– Ele lhe deu uma ideia precisa do que seria o trabalho que faz atualmente?

– Bem... não.

– É o que estou dizendo. Muitos jovens, e pessoas mais velhas também, aliás, não planejam, não se preparam nem pesquisam o suficiente a respeito do que querem para suas vidas. Ou eles deixam que as circunstâncias os levem para lá e para cá ou fazem planos imprudentes, mal pensados, e aí agem depressa demais, percebendo somente quando já é tarde que cometeram um grave erro. Um planejamento benfeito, meu caro, elimina a maior parte desses problemas.

– Mas qual é a lição para mim? O que posso fazer agora?

– Hoje você aprendeu muita coisa e fez importantes descobertas sobre si mesmo. Amanhã começa sua jornada de volta para casa. Sua mente e seu coração estarão livres para que vá atrás do que desejar. Você vai querer ir muito rápido, por causa da empolgação que sentirá. Tudo isso é ótimo. Eu o incentivo a agir. O meu conselho, no entanto, é: não ande rápido *demais*. Depressa o suficiente para chegar aonde quer, mas devagar o bastante para acertar na primeira vez. Michelangelo tinha muitos prazos determinados nas encomendas de seus projetos, e muitas vezes seu pagamento dependia da pontualidade da entrega.

– Ajuda bastante ser o maior escultor que já viveu na Terra – disse Tom.

– É claro que ajuda, mas na época, mesmo quando ele já era bem conhecido, ainda não era considerado o maior escultor de todos os tempos. Michelangelo era um artista que planejava e se preparava antes de pensar em levar o cinzel ao mármore. E essa é uma das razões pelas quais ele se tornou tão genial. Planeje, Thomas, *planeje*!

7

TODAS AS CONQUISTAS COMEÇAM COM UMA AÇÃO RÁPIDA

A ação é o começo da realização. Sem ela, você tem apenas sonhos desperdiçados e boas intenções.

Enquanto acabava de falar, o velho viu, pelo canto dos olhos, um jovem aprendiz que parecia estar prestes a iniciar uma nova peça.

– Com licença – disse ele ao artista –, você está para começar a trabalhar aí? – Ele indicou uma pequena pedra, de quase 1 metro de comprimento.

– Sim, estou – disse o artista.

– Muito bem. Podemos observá-lo? – Ele se dirigiu ao lugar onde o artista estava. Tom foi atrás.

Quando chegaram à mesa de trabalho, o jovem artista pegou um dos maiores cinzéis e o posicionou cuidadosamente. Então, com um golpe rápido, ele fez o martelo descer e arrancou um pedaço grande do mármore.

– O que será isso quando você acabar? – perguntou o velho.

– Espero que seja um leão – disse o artista.

– Será, e será lindo – disse o velho, tentando incentivá-lo. – Precisará atentar para alguns detalhes para que dê certo. Espero que você seja bom. – Ele sorriu.

– Sou muito bom – disse o artista, também sorrindo.

– Bem, continue a trabalhar. Meu amigo e eu não vamos incomodá-lo. – Dizendo isso, o velho recuou um pouco e levou Tom com ele, pegando suavemente seu cotovelo.

– Já estamos indo? – perguntou Tom. – É isso?

Quando estavam a cerca de 2 metros de distância, o velho finalmente respondeu:

– Thomas, o que você acaba de ver é uma das lições mais simples e profundas que um ser humano pode aprender. Na verdade, muitas pessoas vivem aprisionadas por sonhos antigos porque não aprendem a lição que acabamos de testemunhar. Sabe qual é?

Tom estava desconcertado. Ele não conseguia pensar em nada que tivesse aprendido ao ver o jovem dando uma martelada no mármore.

– Bem, para ser sincero, não consigo imaginar qual a lição profunda que posso ter aprendido ao observá-lo por 20 segundos. Se você não me disser, jamais saberei.

– Esta é tão simples que muita gente nem vê. Mas é extremamente importante. Aqui está ela, meu jovem: *todas as empreitadas bem-sucedidas começam com uma ação rápida.*

– É isso? – Tom ainda não entendia.

– Pense por um momento. Quantas pessoas no mundo têm sonhos?

– Todas, eu acho.

– Exatamente. Todas. Agora, qual a porcentagem das que realmente vivem seus sonhos? Ou que pelo menos *correm atrás* dos seus sonhos?

– Bem, é muito pequena.

– Acho que nós, humanos, nascemos sonhadores, mas, no geral, quase ninguém corre atrás dos seus sonhos. Alguns até planejam, ou se preparam. Mas muito poucos chegam a *começar*. E aí reside o problema. Você aprendeu muito hoje, mas tenho mais algumas revelações. A chave para seu sucesso quando voltar para casa será decidir se vai aplicar o que aprendeu aqui ou se vai considerar tudo apenas conversa fiada de um velho caduco. Mas a verdade é: esse artista pode planejar e se preparar por semanas, mas se ele não pegar o martelo, mirar e depois acertar o mármore, jamais chegará ao belo leão que, tenho certeza, vive no interior daquela pedra. Dar o primeiro passo é essencial. A ação é o começo da realização. Sem ela, você tem apenas sonhos desperdiçados e boas intenções.

– E por que você acha que a maioria das pessoas nem começa? – perguntou Tom.

– Acho que existem várias razões. Uma delas é nunca pensarem o suficiente em seus sonhos para chegarem ao ponto de tomar uma decisão. Outra razão é não planejarem, não desenharem uma estratégia. E mais uma é estarem tão envolvidas com o que fazem no momento que não conseguem começar a tratar de seus sonhos. Por exemplo, um homem sonha se tornar escritor, mas ganha 100 mil dólares por ano, tem um carro da empresa à disposição e um belo plano de aposentadoria. Sua mulher não trabalha e os filhos estudam em uma escola particular e têm aulas de piano. Então ele pergunta a si mesmo se largaria tudo para perseguir seu sonho. A resposta é quase sempre não.

– É, deve ser assim mesmo.

– Mas a última razão, e talvez a mais poderosa de todas, Thomas, é o *medo*.

– Medo? De quê?

– Medo de qualquer coisa. Medo de tudo. Medo do desconhecido. Por exemplo, o que o impediria de deixar seu emprego e investir no seu lado criativo? O que você teme?

– Que meu pai me ache um idiota. Tenho medo de que ele esteja certo. Medo de fracassar.

– Imaginei que você fosse dizer isso. Na maioria dos casos, o medo paralisa as pessoas e elas nunca iniciam o processo de virada. Umas têm medo de fracassar. Outras têm medo de não conseguir sustentar a família. Algumas ainda têm medo de perder a reputação. Existe também o medo universal da mudança. Muitas têm medo até de *ser bem-sucedidas*.

– Por que alguém teria medo do sucesso?

– As pessoas têm medo de não conseguir corresponder às exigências, têm medo da responsabilidade que o poder e a riqueza podem trazer. Ficam com receio de que o tombo seja proporcional à altura. Afinal, cair de uma altura de 50 centímetros não intimida tanto quanto uma queda de 5 metros.

– Acho que nunca pensei nisso antes.

– O medo é o fator determinante para aqueles que não conseguem dar o simples passo inicial. Deixe-me perguntar: o que você gostaria de fazer ao chegar em casa para iniciar uma nova fase?

Tom parou para pensar e disse:

– É curioso que você tenha falado sobre aulas de piano. Sempre quis aprender a tocar esse instrumento. Fico maravilhado toda vez que ouço alguém tocar.

– E por que nunca teve aulas?

Um ar de surpresa apareceu no rosto de Tom.

– Acho que... por medo.

Ele nunca tinha pensado nisso.

– Medo de quê?

– Medo de não ser talentoso o bastante para tocar bem. Medo do que meu pai iria pensar de mim. Ele acha que todo músico é afeminado. A verdade é que eu nunca quis lidar com isso.

– E, assim, nunca começou. Viu? Por medo. Mas isso é normal. Agora pelo menos você já reconhece isso. Quando chegar em casa, vai precisar de uma ação rápida para começar.

– Como o quê?

– Abra a lista telefônica, procure uma escola de música e marque sua primeira aula. Aprender ou não a tocar piano depende desse passo simples. Você deve enfrentar os seus medos e vencê-los.

– Sim, estou entendendo.

– As pessoas têm todo tipo de desculpas para não começar o que deveriam, seja o medo de fracassar, seja o fato de se sentirem velhas demais para iniciar algo novo ou de tentarem algo que nunca fizeram antes. No fim das contas, tudo leva à passividade e à falta de concretização. Imagine se Michelangelo tivesse feito o mesmo que aqueles outros artistas: pensar no que fazer com o mármore, mas nunca começar. Talvez o bloco de mármore estivesse largado por aí até hoje. – O velho esperou a mensagem ser absorvida. E recomeçou: – E eu não teria histórias para contar nem lições a ensinar!

– E, aliás, são ótimas lições – disse Tom. – Tem mais?

– Sim, tenho algumas lições curtas antes de sairmos para jantar. Estou ficando com fome, portanto não vamos nos demorar aqui.

– Muito bem, quais são elas?

8

Os estágios: cortar, esculpir, lixar e polir

Todos nós precisamos passar pelo mesmo processo: cortar e jogar fora o que não serve, esculpir nossa vida e dar forma a ela por meio das pessoas com quem convivemos e da informação que absorvemos, permitir que as partes mais duras sejam lixadas pelas adversidades e pelo sofrimento e então, só no final, estaremos prontos para ser polidos e deixar nossa força e nossa beleza se revelarem ao mundo.

– Venha até o centro da sala comigo. – Eles andaram até um ponto de onde Tom conseguia enxergar todo o cômodo. – Olhe em volta. Essas esculturas estão em diferentes estágios do processo de criação. Todas estão sendo trabalhadas de formas diferentes. Essencialmente, porém, existem apenas quatro ações que levarão o material bruto à obra concluída: o corte, a escultura, o lixamento e o polimento. Esse é o processo completo do trabalho a ser realizado.

– E qual é a importância disso para mim?

– Gosto de pensar na vida nesses termos. Há momentos em que o Artista Supremo arranca alguns pedaços de nós, outros em que Ele está nos esculpindo, outros em que está lixando e ainda há aqueles em que está polindo. Todas essas fases são necessárias para criarmos uma bela vida, como são necessárias para criarmos uma bela escultura.

– Está bem, entendo isso.

– A questão, Thomas, não é se as pessoas enxergam ou não o processo, mas se elas conseguem aceitá-lo. E, mais importante, se são capazes de *adotá-lo*.

– Adotá-lo?

– Sim. *Adotá-lo*. Veja bem: se apenas o aceitamos, ainda não somos participantes ativos. Quer dizer, não estamos participando com atitudes positivas. E isso é essencial para o processo.

– Certo. Então explique as quatro ações.

– Muito bem. Vamos começar pelo corte. Todas as pessoas têm partes de si que precisam ser descartadas. Se essas partes permanecerem, talvez o Anjo Interior nunca seja revelado. Se vamos criar uma vida de força e beleza, temos que passar pelos processos que cortam e jogam fora todas as partes que escondem quem verdadeiramente somos. Mas pouca gente adota esse processo.

– Por quê?

– Por causa da dor. As pessoas têm medo da dor. Dor física. Dor emocional. Dor psicológica. Quando perdemos partes de nós, mesmo partes ruins, que nos impedem de crescer, dói. Dói porque já nos acomodamos aos nossos aspectos negativos. Aprendemos a compensá-los. Então, em vez de permitir que eles sejam eliminados pelo corte, fugimos do processo. E assim ficamos presos onde estamos e o nosso Anjo nunca chega à superfície.

– É interessante você falar sobre isso. Não sou muito fã de mudanças, especialmente se sei que vão dar trabalho. Entendo o que você quer dizer quando se refere a medo de mudar e como fugimos disso. Eu mesmo faço isso. Só nunca pensei que estivesse me prejudicando.

– Sim, pense um pouco nisso, Thomas. É importante. Há partes suas que devem ser cortadas fora, se você vai se tornar a pessoa que deseja ser, a pessoa que está *destinado* a ser. Se não permitir o corte do exterior, esconderá o Anjo Interior para sempre.

O velho olhou em volta, procurando outro artista que servisse para ilustrar o item seguinte. Viu um e o apontou:

– Está vendo o jovem ali naquela mesa, de guarda-pó azul?

– Claro – respondeu Tom.

– É um exemplo da próxima lição. Repare como ele está usando um cinzel diferente daquele que retira grandes pedaços do mármore.

– Certo.

– Ele entrou no processo de esculpir. É diferente de cortar o que não precisa estar lá. Esculpir é a arte de, lenta e delicadamente, revelar a forma e a beleza da obra, os detalhes de que falamos antes. É nessa etapa que o artista começa a transformar o mármore naquilo que deve se tornar. Existe uma lição aí também.

– Acho que posso adivinhar, mas me diga: qual é a lição?

– Bem, quando permitimos que a vida e nossos próprios atos de disciplina eliminem aquilo que esconde o nosso verdadeiro interior, somos nós que, de maneira ativa, devemos criar a vida que queremos levar.

– Como se faz isso?

– Existem muitas ferramentas para isso, Thomas. As ferramentas de um escultor são poucas, mas as ferramentas para esculpirmos uma vida são muitas. Somos produto de tudo o que permitimos moldar e influenciar nossa vida. Todas as coisas e pessoas com as quais interagimos vão dar forma à pessoa que nos tornaremos. Isso inclui tanto aquelas com que nos envolvemos por vontade própria quanto as que decidimos manter à distância.

– Pode dar alguns exemplos? – pediu Tom.

– Deixe-me começar por aquilo com que decidimos nos envolver. Antes de tudo vêm as pessoas com quem interagimos. Cada um dos nossos amigos foi escolhido por nós. Devemos escolher essas pessoas sabiamente, pois somente algumas têm o poder de nos ajudar a melhorar. Temos que selecionar aquelas que vão nos desafiar e nos incentivar a evoluir. O objetivo é ter uma rede de pessoas à nossa volta que sirva de trampolim rumo a uma vida mais plena.

– Faz sentido. O que mais?

– O segundo item é parecido: os livros que lemos.

– Livros?

– Sim, livros. Gosto de pensar em um livro como uma chance que temos de conversar com o autor. Imagino que o autor está explicando suas ideias diretamente a mim. Eu reajo e faço perguntas na minha cabeça enquanto leio, o que me permite falar com o autor. Assim não me sujeito às limitações de tempo e espaço. Posso ser amigo das mais fantásticas mentes que já passaram pela Terra. Posso convidar os autores a instigar meus pensamentos, moldar minha vida e me ajudar a ser uma pessoa melhor, uma pessoa mais bem-sucedida.

– Nunca pensei nisso dessa forma. Passei tanto tempo detestando ler!

– Sim, muitas pessoas acham que ficar lendo livros, além de ser chato, é uma perda de tempo, mas se enxergassem aí uma oportunidade de se sentarem com o autor e aprenderem com ele, alcançariam novos níveis de aprendizagem e crescimento. A lição, aqui, Thomas, é que nossa vida é esculpida e formada, antes de mais nada, pelas pessoas com quem convivemos e pelos livros que lemos. Quando você dominar esse conceito, estará preparado para moldar sua vida da maneira que desejar. Entendeu?

– Entendi. Agora que parei para pensar nisso, algumas pessoas me vêm à cabeça, pessoas que respeito muito, e todas leem bastante. Uma delas até já comentou que "ninguém pode ser um líder se não for um leitor". Você me convenceu a pegar uns bons livros quando chegar em casa e "fazer amizade" com algumas pessoas que não conheço, pessoas que farão com que eu me torne melhor.

– Isso é ótimo. Mais um conselho a respeito da leitura. Quero sugerir que passe a maior parte do seu tempo lendo as obras de homens e mulheres que já se foram há muito tempo.

– Por quê?

– Não por causa das personalidades em si, mas pelo fato de que se seus livros ainda estão emocionando e ajudando as pessoas até hoje, é porque suas ideias são duradouras, e você está procurando ideias que resistiram ao tempo. Busque uma mensagem *atemporal*, não uma que esteja *na moda*.

– É, faz sentido. Não tenho lido muitos clássicos.

– De agora em diante vai ler – disse o velho enquanto se virava para procurar um outro artista, em outra mesa. Quando viu o que buscava, ele mais uma vez chamou a atenção de Tom: – Você pode me dizer o que aquele jovem está fazendo?

– Bem, acho que ele está lixando a estátua. O que é? Um querubim?

– É o que parece daqui. E, sim, ele está lixando. Você sabe o que a lixa representa na vida, Thomas?

– Que você está sendo desgastado? – ele chutou.

– Chegou perto. De certa forma, tem a ver com desgaste. Mas é mais positivo do que isso. A lixa representa aqueles momentos em que nos achamos cercados por circunstâncias *aparentemente* negativas. É quando as coisas nos "arranham". Elas podem nos machucar, se permitirmos. Pessoas... circunstâncias... tudo isso nos "lixa".

– E o que há de positivo nisso?

– Mais uma vez: as pessoas procuram ter conforto na vida. Elas tentam evitar o sofrimento e as adversidades. Só que quase todos que se destacaram e obtiveram grandes conquistas já passaram por atribulações e sofreram duramente no passado. São esses períodos de sofrimento que dão solidez e significado à nossa vida. As provações nos mantêm humildes e nos permitem valorizar o sucesso. Elas não nos deixam perder tempo procurando respostas simples para a vida, porque aprendemos que isso não existe. Como disse um antigo escritor, "as provações produzem perseverança, a perseverança forma o caráter e o caráter gera esperança". Muito sábio, não acha? Mesmo assim, a maioria das pessoas foge das dificuldades e acaba não aprendendo a perseverar. Em vez disso, desistem ou se escondem. Não há força nisso, há, Thomas?

– Não.

– Provações, adversidades, sofrimento... em outras palavras, os componentes do lixamento são um importante processo na modelagem de nossas vidas, desde que saibamos lidar com eles corretamente.

– Como assim, "corretamente"?

– Existem várias formas de termos certeza de que estamos lidando corretamente com os momentos difíceis. Uma delas é reconhecer que essas provações fazem parte da vida e aceitá-las. Outra é ter uma atitude positiva em relação à vida, mesmo quando as coisas não vão bem. Uma terceira é tentar aprender, com as situações, sobre nós mesmos, sobre as outras pessoas, sobre o mundo. E, por último, precisamos enxergar uma oportunidade nas circunstâncias negativas. Todo revés pode nos trazer um resultado positivo, se o procurarmos. As pessoas bem-sucedidas são aquelas que transformam adversidades em conquistas. Pense nisso também.

– Pensarei, com certeza.

O velho já tinha encontrado outra pessoa que queria apontar e para quem direcionou o olhar de Tom.

– Presumo que você saiba o que aquela jovem está fazendo.

– Imagino, vendo o brilho que ela está dando àquele mármore, que você esteja falando do polimento.

– Correto. O polimento: o passo final. Aquele que representa a parte da vida para a qual todos querem ir diretamente.

– Como assim?

– O polimento representa a parte da vida que nos deixa com boa aparência. É quando deixamos o mundo ver como somos bonitos, quando começamos a "brilhar", por assim dizer. Nosso Anjo se mostra diante do mundo em toda a sua glória e os outros nos veem com toda a nossa beleza e a nossa força. Todos adoram esse momento, não é verdade?

– Ganha fácil das épocas difíceis.

– Sim, claro. O polimento é, com certeza, a parte mais agradável. É o que dá o nosso acabamento. Mas a lição aqui é que o polimento vem no fim. Michelangelo não teria criado nada se tivesse começado já polindo aquele mármore. Primeiro ele tinha que cortar, esculpir e lixar. Só depois ele pôde começar a polir *Il Gigante*, deixando para o mundo seu trabalho duradouro de poder e beleza. O mesmo vale para a vida. Todos nós precisamos passar pelo mesmo processo: cortar e jogar fora o que não serve, esculpir nossa vida e dar forma a ela por meio das pessoas com quem convivemos e da informação que absorvemos, permitir que as partes mais duras sejam lixadas pelas adversidades e pelo sofrimento, e então, só no final, estaremos prontos para ser polidos e deixar nossa força e nossa beleza se revelarem ao mundo.

– Isso quer dizer que ninguém vai muito longe enquanto é jovem?

– Você levantou uma exceção brilhante à minha regra. Ninguém precisa esperar os últimos dias da vida para brilhar, embora a maioria das pessoas realize seu trabalho mais significativo mais tarde, quando fazem suas maiores contribuições. Você vai encontrar muitas ocasiões para conquistar o sucesso, mas o fato é que elas sempre virão depois que tiver completado as outras partes do trabalho.

Tom olhou um bloco de mármore próximo.

– Em que está pensando, Thomas? – perguntou o velho.

– Estou um pouco assoberbado por tanta informação. É ótimo, mas... é tanta coisa ao mesmo tempo!

– Eu sei, meu jovem. Sua mente vai se lembrar do que for necessário. Quando voltar para casa, procure recordar o que ouviu aqui todos os dias, de forma que você possa aprender e aplicar essas lições com calma.

– Boa ideia.

– É, sim. Assim como a ideia de ir jantar! Você está preparado para o melhor da culinária italiana?

Thomas percebeu que estava com muita fome.

– Com certeza! E aposto que você conhece um bom lugar.

– Tenho um ou dois favoritos – disse o velho, sorrindo. – Vamos.

Com isso, os dois se viraram para sair. Quando passaram pela porta, o velho olhou para dentro novamente.

– Até logo, Arturo, meu amigo! Vejo você em breve!

E saíram para a rua sem esperar pela resposta.

9

O sucesso pode levar anos para chegar

Na maior parte das vezes, o sucesso é resultado de ações metódicas, feitas ao longo do tempo.

O velho virou à esquerda quando os dois saíram e começou a andar pela calçada. Dessa vez, ele mantinha um passo bem mais lento. Tom achou isso perfeito. O velho parecia estar se preparando para um jantar demorado enquanto caminhavam até o restaurante. Ele estava falante e mostrou diversos pontos interessantes da cidade.

Os dois andaram cerca de 10 minutos até o restaurante. Era um lugar pequeno, com 10 ou 12 mesas apenas, algumas ao ar livre. Havia um grande quadro-negro à esquerda da porta, exibindo o cardápio. Eles pararam e leram.

– Venha, vamos nos sentar. Vou pedir a comida – declarou o velho. – Isto é, se você não se importar. Sou bom nisso.

– Não me importo. Se você gosta, com certeza também vou gostar.

O velho chamou o garçom e apontou para uma das mesas no pequeno terraço. O garçom assentiu e Tom e o velho se sentaram.

Logo o garçom trouxe pão e azeite.

– Gostariam de um pouco de água? – perguntou ele.

– Sim, sem dúvida. Uma garrafa.

– Ótimo. Alguma pergunta sobre o cardápio?

– Não, estamos bem.

– Já volto, então.

Tom e o velho recostaram em suas cadeiras e desfrutaram o calor do pôr do sol.

O garçom voltou.

– O que gostariam de pedir esta noite?

– Vou pedir para nós dois – disse o velho. – Gostaríamos de começar com uma garrafa do vinho tinto da casa.

– Sim, senhor.

– E para o jantar, *primi*, poderia ser um risoto com *funghi*?

– Certamente.

– Excelente. Que peixe o senhor recomendaria?

– Temos um ótimo linguado fresco com aspargos ao vinho.

– Parece uma delícia. E como *piatto principale*, espero que tenham carneiro com rúcula.

– Temos, sim.

– Perfeito. E, é claro, sua seleção de frutas e queijos. Depois talvez nos demos o direito a um *dolce*. Mas decidiremos isso mais tarde.

– Com licença – disse o garçom, antes de deixá-los.

– Você pediu comida para um batalhão – disse Tom.

– Um batalhão de dois – respondeu o velho.

O garçom trouxe a garrafa de vinho. Depois de servir as duas taças, o velho ergueu a sua.

– A tudo o que você aprendeu hoje. *Que mude sua vida para sempre!*

Os dois brindaram e tomaram o primeiro gole.

– Muito bom – disse Tom.

– É. Gosto muito desta cantina.

Durante os 10 minutos seguintes, o velho fez perguntas a Tom sobre as outras etapas de sua viagem, ouvindo tudo a respeito dos lugares que ele tinha visitado. Tom parecia contente com as experiências vividas mas, ao mesmo tempo, estava decepcionado porque os outros lugares não tinham ajudado na sua busca por respostas. Pelo menos ficara feliz por ter encontrado o velho – ou será que foi o velho que o encontrou? De qualquer forma, era grato pelas lições. Eram simples mas profundas, exatamente o que ele precisava ouvir naquela fase de sua vida, mesmo que ficasse um pouco nervoso e apreensivo ao pensar no momento de colocá-las em prática.

Logo o primeiro prato foi trazido à mesa.

Tom devorou o risoto. Não havia percebido como estava faminto. Para economizar durante a viagem, ele não tinha comido do bom e do melhor. Enquanto esperava, achou irresistível o cheiro que vinha da cozinha. Quando a comida chegou, ele não perdeu tempo.

– O que achou do risoto? – perguntou o velho, depois de Tom comer um pouco. – Está do seu agrado?

– Hummmmm. Com certeza.

– Parece que você não come há uma semana.

– Se está falando de comida boa como essa, não como mesmo. Há duas semanas, aliás!

– Bem, então aproveite. É por minha conta, você sabe.

– Muito obrigado. Minha intenção é me aproveitar totalmente disso – disse Tom, sorrindo.

– Em geral não gosto que se aproveitem de mim, mas dessa vez vou deixar passar. – Dizendo isso, o velho ergueu sua taça de vinho novamente diante de Tom. O rapaz retribuiu e o velho disse, quando as duas taças se tocaram: – Ao seu futuro de sucesso!

– Então, qual é a próxima lição? – perguntou Tom.

– Você é um aprendiz interessado mesmo.

– É que o tempo é curto.

– Muito bem, vamos começar.

– Qual é a primeira lição da hora do jantar? – perguntou Tom.

– Thomas, em que ponto você *acha* que deveria estar agora, em relação à sua carreira?

– Bem, acho que deveria estar ganhando quase o dobro e estar pelo menos dois níveis hierárquicos acima de onde me encontro hoje.

– É sério?

– Sim. Por quê?

– Porque não parece sensato.

– Por que não parece sensato? Sempre leio sobre pessoas da minha idade que subiram muito mais rápido do que eu.

– Não é sensato por dois motivos. Primeiro, porque você já percebeu que seu emprego atual não envolve suas paixões. Como pode ser tão bom no que faz se não trabalha com alegria? Segundo, porque está tendo uma expectativa irreal de si mesmo. O que nos traz ao ponto que eu queria abordar. Sim, a mídia dá destaque aos jovens muito bem-sucedidos, mas você já se perguntou qual porcentagem eles representam da população em geral? – Ele parou por um momento e depois continuou. – Thomas, essa porcentagem é mínima. É claro que a mídia precisa falar deles. Uma reportagem sobre um profissional de 30 anos ganhando 20 mil dólares por ano e empacado no nível intermediário não vende jornal.

– É verdade.

– Portanto, eis a lição: *às vezes, o sucesso leva anos para chegar*. E, eventualmente, anos e anos. *Il Gigante* tem mais de 4 metros de altura. Como eu disse, Michelangelo levou 28 meses para esculpir a estátua, do começo ao fim. Isso significa cerca de 15 centímetros por mês, ou menos de 4 centímetros *por semana*. A bem-sucedida conclusão do *Davi*, por Michelangelo, foi lenta. Mesmo assim, ele sabia que o tempo e a paciência investidos valeriam muito a pena. A vida também é assim. Na maior parte das vezes, o sucesso é resultado de ações metódicas, feitas ao longo do tempo.

– Mas... – Tom tentou dizer algo.

– Não tem "mas", Thomas! Vou lhe dizer uma coisa, com todo o carinho: você coloca muita pressão sobre si mesmo para ser bem-sucedido. Acha que deveria estar muito à frente de onde está. Isso não é verdade.

– Mas a vida é curta. Você tem que conseguir enquanto pode.

O garçom, silenciosamente, trouxe à mesa o prato seguinte. O velho esperou que ele se afastasse para voltar a falar.

– Sim, a vida é curta. Lembre-se de que você está falando com um senhor de idade. Sou mais velho do que possa imaginar, e mesmo assim sei que a vida precisa ser levada passo a passo. Há uma estação em que construímos uma casa e uma estação em que moramos nela. Existe uma estação para cultivarmos a terra e uma estação para colher e comer o que plantamos. A vida é dividida em estações, Thomas, e você ainda está na primavera. Chegará ao inverno antes do que espera. E, quando chegar, é possível que sinta saudade de sua juventude. Quanto mais cedo abraçamos a vida, mais ansiamos pelos estágios seguintes, mas quanto mais tarde fizermos isso, mais vamos querer voltar aos tempos iniciais. O segredo é aproveitar cada fase quando se está nela e entender que o sucesso leva tempo.

– Então, o que devo fazer? – perguntou Tom.

– Primeiro encontre a sua paixão. O que você ama? Qual o trabalho que lhe dará alegria? Esse é o caminho. As pessoas apaixonadas são as que movem o mundo, que fazem a diferença. Depois, quando tiver encontrado o objeto de sua paixão, terá que dar um tempo a si mesmo.

– Você já disse isso, mas por que leva tempo?

– Meu jovem, a vida é assim. É claro que existem exceções, mas, para a maioria das pessoas, a vida, assim como uma carreira, se desdobra lentamente ao longo dos anos. Você precisa se afirmar em cada estágio. Só depois de dominar um a um terá a oportunidade de seguir em frente. Cada fase requer tempo para construirmos o alicerce de um futuro de sucesso, para aprendermos as lições necessárias e para desenvolvermos as habilidades de que precisaremos mais adiante. Enquanto isso, busque aquilo que ama e se prepare para a grandeza nos anos futuros.

– O.k. Então como supero a opinião que tenho sobre o estágio em que me encontro?

– Boa pergunta. Tentarei responder da melhor maneira. Thomas, acho a mente humana fascinante. Ela própria é uma obra de arte incrível. O fantástico potencial da mente nos permite moldar o que seremos e aquilo em que acreditaremos.

– Como?

– Por meio de nossos pensamentos. Se você pensar em como as coisas são difíceis, então a tendência será se preocupar com as dificuldades. Se, por outro lado, se concentrar em ser grato pela sua vida e pelo que tem, então seus pensamentos refletirão essa gratidão.

– Mas como isso se aplica ao fato de eu estar decepcionado com aquilo que realizei?

– Pense assim: você acha que Michelangelo parava todos os dias, depois de completar um pouco do *Davi*, e dizia a si mesmo: "Nunca vou terminar isso. Já deveria estar mais adiantado"? Ou acha que ele mantinha a mente confiante de que, aos poucos, ia completando sua obra-prima e que logo ela estaria pronta?

– Faz sentido. Então o que eu deveria pensar?

– O que *você* acha que deveria pensar?

– Que eu deveria aproveitar o estágio em que me encontro. Que deveria levar o tempo que fosse necessário para aprender o que vou precisar para o próximo. Que logo chegarei a esse estágio. É um bom começo?

– É um grande começo. Quando voltar para casa, reserve um tempo todos os dias e repita essas frases. Com o tempo você vai modificar seus pensamentos.

10

Ninguém começa pela Capela Sistina

Viva sua vida, faça do seu trabalho a personificação da excelência e seu caminho transbordará de oportunidades.

– A próxima lição é a minha última e se parece com aquela que você acabou de aprender. Lá vai: *ninguém começa pela Capela Sistina.*

– Interessante esse título.

– Obrigado – disse o velho, dando uma piscadela. – Mas deixe-me dizer o que isso significa. Muitos jovens como você, e mesmo qualquer pessoa no início de uma nova empreitada, colocam muita pressão sobre si mesmos para conseguir resultados espetaculares logo que começam.

– E não deveriam?

– Na teoria, isso deveria funcionar, mas, na prática, raramente funciona. Deixe-me dar mais um exemplo da vida de Michelangelo. Apesar de ser conhecido pela Capela Sistina, ele obviamente não começou por ela. Realizou outras três grandes obras antes, que o levaram, uma a uma, a níveis mais altos de excelência, culminando no afresco da Capela Sistina. Quando tinha 17 anos, Michelangelo fez um trabalho com relevo em mármore chamado *Batalha dos centauros*. Foi o que o lançou no mercado, digamos assim. Era um trabalho fenomenal para qualquer um, que dirá para um adolescente. Ele alcançou o sucesso ainda jovem, mas certamente havia mais por vir.

– Qual foi seu grande trabalho seguinte?

– Seu "grande trabalho seguinte" foi o que considero não apenas a obra mais fantástica de Michelangelo, mas a mais grandiosa escultura já realizada.

– É mesmo? Qual foi?

– Chama-se a *Pietà*. Você conhece?

– O nome não me é estranho.

O velho fechou os olhos, provavelmente visualizando a escultura em sua mente e apreciando sua beleza.

– A *Pietà* é simplesmente impressionante. Você foi à Basílica de São Pedro, em Roma?

– Não. Pulei essa.

– Uma pena. Terá que voltar algum dia e trazer alguém com você. Todos deveriam ver a *Pietà*.

– Você me deixou intrigado. Como ela é?

– A *Pietà* é de tirar o fôlego. Mal consigo descrevê-la. Nada do que eu disser fará justiça à beleza daquela obra. É uma escultura de Maria, sentada, com o Cristo morto deitado em seu colo. Ela olha o filho. É comovente, perturbadora, assombrosa... e, mesmo assim, inspiradora. Sim, você precisa vê-la algum dia, Thomas.

– Bem, depois dessa descrição, irei vê-la com toda a certeza.

O velho rapidamente voltou ao ponto original.

– Número três. Você pode adivinhar qual foi?

– Deve ter sido o *Davi* – respondeu logo Tom, em uma entonação de quase certeza.

– Correto. E, obviamente, a número quatro foi a Capela Sistina, a pintura mais extraordinária de todas. Para mim, é melhor do que qualquer coisa que Leonardo fez. Há algumas lições importantes a aprender com este trecho da história, meu caro.

– Por exemplo?

– Como eu disse, *ninguém começa pela Capela Sistina.* A maioria das pessoas não consegue realizar suas obras-primas até ter amadurecido e aprendido com suas experiências. É claro que existem algumas exceções, mas, para quase todo mundo, o trabalho de sua vida é um processo e um progresso.

– O que quer dizer com um "progresso"?

– Quero dizer que os jovens, embora sejam capazes de realizar trabalhos maravilhosos, com energia e vigor, têm que passar pelo processo da vida e da experiência. Eles devem se aperfeiçoar e ainda precisam conhecer as pessoas que vão abrir portas para eles e ajudá-los a produzir um trabalho de força e beleza. Muitos jovens, e acho que você está entre eles, são impacientes demais para ver sua vida se desdobrar com tranquilidade. Você logo aprenderá como a vida é breve, Thomas. Mas existe outra lição aqui.

– Qual é?

– Seja qual for o seu trabalho, faça-o buscando a excelência. É ela que vai abrir portas mais adiante. Muitos jovens querem oportunidades, mas aqui vai um segredo de muitas eras: viva sua vida, faça do seu trabalho a personificação da excelência e seu caminho transbordará de oportunidades.

– Mas como ponho isso em prática?

– A primeira coisa a fazer é viver o momento. Sim, temos que sonhar. Devemos imaginar o que nos espera. Mas o que vai nos levar até lá não é o sonho. É a excelência que mostramos em nosso trabalho todos os dias que vai superar o teste do tempo. A excelência em nossos relacionamentos pagará seus dividendos mais tarde, quando alguém que conhecemos e com quem fomos gentis nos retribuir o favor e nos der uma oportunidade que poderíamos não ter tido de outra forma. E a excelência do nosso caráter vai nos fornecer o alicerce de uma vida bem vivida em todas as áreas. No final, vamos olhar para trás e ver que vivemos como pessoas profundamente satisfeitas não apenas com o que realizamos, mas, o que é mais importante, com o que nos tornamos. Uma pessoa com muitas conquistas mas sem um caráter reto não viveu uma vida de conquistas. Entendeu?

– Acho que sim.

– Divirta-se, agora. Viva sua vida com excelência. Seja uma pessoa de quem os outros se orgulharão. Faça o melhor possível no trabalho. Acima de tudo, seja apaixonado pelo que faz e por sua maneira de viver a vida. Antes de mais nada, você terá que se conhecer melhor para descobrir sua paixão, mas, se procurar, vai encontrar. Quando isso acontecer, corra atrás e se dedique. Jogue-se de cabeça no trabalho que ama. Faça o mesmo com seus relacionamentos. E tudo o que está destinado a acontecer na sua vida de fato acontecerá.

– Espero que sim.

– Será assim, Thomas. Sei como são essas coisas. As pessoas podem mudar. Acredite se quiser, já tive a fama de ser bem rabugento, mas aprendi algumas coisas sobre as pessoas... e mudei. Você tem um futuro brilhante à sua frente.

– Bem, obrigado. Queria perguntar uma coisa. Qual é a sua profissão?

– Tem um palpite?

– Escultor!

– Acertou em cheio. Como soube?

– Pelo seu conhecimento de arte, é claro. Mas o que me fez ter certeza foi ver os braços de Arturo e notar a semelhança com os seus. – O velho sorriu. – Mas você ainda esculpe?

– Não, me aposentei. Agora apenas ensino meus alunos informais, como você.

– E o que você fazia? O que esculpia?

– Ah, várias coisas, estátuas e relevos. O de sempre. Pintei um pouco, aqui e ali. Era um bom pintor, mas o que mais gostava de fazer era trabalhar com mármore.

– Como Michelangelo.

– Sim, exatamente como Michelangelo.

Terminadas as lições, Tom e o velho passaram o resto do tempo falando sobre a Itália. O escultor aposentado agora fazia o papel de guia turístico e historiador. Tom achava tudo fascinante. Quando acabaram aquele delicioso jantar, deixaram o restaurante e caminharam pela calçada.

– Thomas, gostaria de vê-lo amanhã de manhã, antes de partir, para que eu possa me despedir de você.

– Claro, eu adoraria. Tenho que sair um pouco depois das sete.

– Ótimo. Existe uma grande praça ao norte do seu hotel. Posso encontrá-lo na fonte que fica lá. Às sete da manhã?

– Em ponto. Estarei lá, de malas prontas.

– Vejo você amanhã.

– Obrigado pelo jantar.

– O prazer foi meu. Boa-noite.

Antes de partir, o velho entregou a Tom um pedaço de papel.

– Gostaria que você lesse isto quando chegasse ao seu quarto.

O velho se virou e desapareceu em meio a um grupo de pessoas. Tom o seguiu com o olhar, até perdê-lo de vista, e resolveu que era hora de ir para a cama. Depois da curta caminhada na noite fresca, Tom chegou ao hotel e desdobrou o papel que o velho lhe entregara. Lá estavam as lições que tinha aprendido naquele dia:

- Encontre o seu Anjo Interior.
- Busque sua própria paixão.
- Confie na sua força.
- A beleza está nos detalhes.
- A mão cria o que a mente concebe.
- Planeje e se prepare.
- Comece com uma ação rápida.
- Respeite os estágios: cortar, esculpir, lixar e polir.
- O sucesso pode levar anos para acontecer – aceite isso.
- Ninguém começa pela Capela Sistina.

O velho estava realmente pronto para ensinar alguém hoje. Deitado, quase dormindo, Tom finalmente acreditou que talvez naquele dia sua vida tivesse mudado para sempre. Começou então a crer que havia uma pessoa em seu íntimo que ele ainda precisava mostrar ao mundo, alguém como o Anjo Interior. Uma pessoa de força e beleza.

Às sete da manhã, Tom avistou o velho andando em sua direção, vindo do lado oposto. A praça vazia estava silenciosa – apenas alguns comerciantes se preparavam para abrir suas lojas no dia que começava, varrendo as entradas dos estabelecimentos. Ao se aproximarem um do outro, Tom e o velho apertaram-se as mãos.

– Bom-dia, jovem Thomas.

– Bom-dia – respondeu Tom.

– Hoje começa sua jornada. Aonde ela o levará depende de você.

– Sim, eu sei. Mas, com o que me ensinou, acho que estou pronto.

– Quando você parte?

– Em alguns minutos, na verdade. Não posso conversar por muito tempo.

Os dois, sozinhos na praça, se olhavam, o velho sorrindo e Tom com lágrimas nos olhos. Ele não podia acreditar no que tinha acontecido no dia anterior. Um velho tinha aparecido do nada e ensinado a ele o que talvez fossem as maiores lições que aprendera sobre a vida e a felicidade.

– A propósito, eu gostaria de manter contato. Pode me dar o seu endereço?

O velho olhou Tom por um momento, se decidindo.

– Thomas, acho melhor você me dar os seus dados. Um cartão de visitas, talvez. Assim manterei contato. Pode ser?

– Sim, claro – respondeu Tom. Ele pegou a carteira, achou um meio amassado e o entregou ao velho. – Aqui está. Não desapareça.

– Bem, acho que é hora de nos despedirmos – disse o velho.

– Sim, está na hora. Obrigado. Obrigado por tudo – disse Tom.

Os dois se abraçaram como pai e filho.

– Foi um prazer, jovem Thomas – sussurrou o velho no ouvido de Tom.

Tom recuou e se aprontou para ir embora.

– Até qualquer dia, então.

– Adeus.

Tom se virou e começou a caminhar, enquanto o velho simplesmente olhava. Depois de dar alguns passos, Tom se virou. O velho estava esperando.

– Não perguntei o seu nome. Como se chama?

– Pode me chamar de Sr. Buonarroti.

– Está bem, Sr. Buonarroti. Adeus.

Ele se virou e começou a andar, mas depois de alguns passos algo lhe ocorreu. *Buonarroti. Buonarroti? Isso me soa familiar. Onde já ouvi isso? Nas placas! Era o sobrenome de Michelangelo.* Tom parou no meio do caminho e se virou para ver o velho.

Ele continuava parado no meio da praça, sorrindo. Então deu uma piscadela, se virou e começou a caminhar a passos largos, pronto para uma nova aula.

GUIA DE REFLEXÃO SOBRE *O ANJO INTERIOR*

Encontre o seu Anjo Interior

O que você acha do conceito do Anjo Interior?

Como você *se sente* a respeito do conceito do Anjo Interior?

De que forma você já se sentiu "oculto" pelo mármore?

Você já sentiu que as outras pessoas não conseguem ver o seu eu verdadeiro?

Quais são as áreas mais fortes em que você pode se concentrar para revelar o seu Anjo Interior?

Busque sua própria paixão

Você diria que está seguindo sua paixão atualmente? Por que, ou por que não?

De que forma outras pessoas já tentaram fazê-lo seguir a visão delas para a sua vida, em vez de deixá-lo seguir a sua?

O que aconteceria se você começasse a correr atrás da sua paixão?

O que você teria que fazer ou mudar para conseguir buscar a sua paixão?

Você está disposto a correr os riscos necessários para fazer da vida o que gostaria que ela fosse? Quais são os obstáculos à sua frente?

Como seria sua vida se você fosse capaz de viver a sua paixão, fazendo dos seus sonhos uma realidade?

Confie na sua força

Quais são seus pontos fortes?

Até que ponto você confia nas suas habilidades em geral?

Até que ponto você pode contar com os seus pontos fortes?

Se você não sabe quais são os seus pontos fortes, peça ajuda a alguns amigos. Escreva aqui as respostas deles.

O que acha que mudaria em sua vida se você conseguisse adotar e demonstrar sua força de maneira completa?

A beleza está nos detalhes

Você se acha uma pessoa detalhista por natureza?

Se não, como você avaliaria sua atenção aos detalhes?

O que acha que aconteceria se você redobrasse a atenção que presta aos detalhes?

Como você acha que sua vida profissional melhoraria se prestasse mais atenção aos detalhes?

Como você acha que sua vida familiar melhoraria se prestasse mais atenção aos detalhes?

A mão cria o que a mente concebe

Você acha que entende bem e aplica este conceito? De que maneira?

____

____

Em que tipo de trabalho você tende a se concentrar, o da mente ou o da mão?

____

____

Quanto tempo você emprega elaborando conceitos? Consegue reservar um momento no seu dia a dia para "sonhar"?

____

____

Você é capaz de citar três ações específicas que poderia empreender para implementar suas ideias?

____

____

____

Planeje e se prepare

Numa escala de 1 a 10, que nota você daria a si mesmo no quesito planejamento?

____

Numa escala de 1 a 10, que nota você daria a si mesmo no quesito preparação?

Se você não se dá uma nota muito boa em planejamento e preparação, existe alguma área na sua vida em que você planeja e prepara bem? Se a resposta for sim, por que você acha que isso acontece?

Como você poderia dar passos simples para planejar e se preparar melhor?

Você tem um período diário ou semanal que dedica ao planejamento e à preparação?

Você se lembra de alguma ocasião em que planejou e se preparou e o resultado foi ótimo? Como se sentiu?

Comece com uma ação rápida

O que você gostaria de conquistar e que ainda não pensou em investir?

O que geralmente o impede de agir?

O que o impede de agir hoje ou amanhã?

Você é capaz de citar três passos que poderia dar agora para começar a realizar o seu sonho?

Respeite os estágios: cortar, esculpir, lixar e polir

Qual é o elemento que você sabe que deve tirar da sua vida para permitir que seu Anjo Interior brilhe?

Qual é a área da sua vida que você já pode dizer que precisa ser esculpida?

Você está passando por um processo de lixamento na sua vida atualmente? Se estiver, o que está aprendendo? Se não, você se lembra de alguma ocasião em que poderia ter aproveitado melhor um período de lixamento?

Quando foi a última vez que você sentiu que tinha sido polido e preparado para que o admirassem? Se nunca passou por isso, como se sentiria se algo assim acontecesse com você?

O sucesso pode levar anos para acontecer – aceite isso

Já se sentiu frustrado? Você acha que isso lhe fez bem?

Você pode explicar como podemos ser ambiciosos e conformados ao mesmo tempo?

Se você se sentisse conformado agora, que benefícios isso poderia lhe trazer?

Em que área você acha que o sucesso virá se você se conformar e deixar a vida seguir seu curso?

Como você pode mudar seu modo de pensar para ajudar a si mesmo a ser mais conformado?

Ninguém começa pela Capela Sistina

Que "Capela Sistina" você gostaria de realizar um dia?

Por que fases você já passou e por quais ainda precisa passar para conquistar as coisas com que sonha?

Você busca a excelência em todos as fases, para dar a si mesmo a oportunidade de alcançar a fase seguinte?

Últimas perguntas

Quais são as três maiores lições que você tirou de *O Anjo Interior*?

1.

2.

3.

Quais são as três atitudes que você pode tomar hoje ou este mês para permitir que seu Anjo Interior comece a brilhar?

1. ____

____

2. ____

____

3. ____

____

Agradecimentos

Kyle Wilson e a equipe da Chris Widener International.

Roger Scholl e Sarah Rainone da Currency Double-day.

Doris Michaels da DSM Agency.

Mark Samborn e Charlie Jones.

Loraine Grover e Donna Johnson.

Obrigado por tudo o que fizeram para tornar *O Anjo Interior* um sucesso!

Conheça outros títulos da Editora Sextante

O ponto da virada

Malcolm Gladwell

Você já ficou intrigado pensando no que faz com que um produto, um serviço ou mesmo atitudes virem moda da noite para o dia? Já imaginou que tipo de mudança faz, por exemplo, com que livros desconhecidos se transformem em best-sellers?

Nesse livro – que já vendeu 5 milhões de exemplares em todo o mundo e está há mais de 200 semanas a lista de best-sellers do *New York Times* – Malcolm Gladwell apresenta uma maneira instigante e original de entender fenômenos sociais desse tipo: vê-los como epidemias.

Partindo dessa tremenda influência que sofremos do meio, Gladwell pergunta: por que então algumas epidemias que poderiam ser "boas" não emplacam? Sua reposta é que as pessoas podem transformar radicalmente seus comportamentos ou suas crenças desde que estejam diante do estímulo certo. E aqui ele nos mostra como identificar e até construir esses estímulos.

Fora de série – Outliers

Malcolm Gladwell

Costumamos acreditar que trajetórias excepcionais, como a dos gênios que revolucionam o mundo dos negócios, das artes, das ciências e dos esportes, devem-se unicamente ao talento. Mas nesse livro você verá que o universo das personalidades brilhantes esconde uma lógica muito mais fascinante e complexa do que aparenta.

Baseando-se na história de celebridades, o autor mostra que ninguém "se faz sozinho". Todos os que se destacam por uma atuação fenomenal são pessoas que se beneficiaram de oportunidades incríveis, vantagens ocultas e heranças culturais. Tiveram a chance de aprender, trabalhar duro e interagir com o mundo de uma forma singular.

O ônibus da energia

Jon Gordon

É manhã de segunda-feira e George precisa chegar cedo ao trabalho. Mas, quando vai pegar o carro, vê que um dos pneus está furado. Embora este seja o menor de seus problemas, para ele parece a gota d'água. George tem a sensação de que uma nuvenzinha negra o persegue, fazendo tudo dar errado em sua vida.

Sem ninguém para lhe dar uma carona, George não tem outra opção a não ser ir trabalhar de ônibus. Então ele conhece Joy, uma motorista muito especial. Ela e os outros passageiros vão compartilhar suas experiências com George e o ajudarão a dar a volta por cima.

Ele vai aprender que, quando nos abastecemos de visão, propósito e entusiasmo, tudo fica mais simples e as pessoas têm vontade de subir e permanecer em nosso ônibus. O segredo é se concentrar na energia positiva e aprender a tirar o melhor de si mesmo e de todos à sua volta.

Nunca deixe de tentar

Michael Jordan

Esse é o primeiro título da coleção *Na Vida Como no Esporte,* que revela os princípios nos quais grandes atletas e treinadores pautaram suas trajetórias e mostra como esses valores transcendem o universo esportivo e podem ser aplicados à vida pessoal e profissional.

Organizada pelo técnico da seleção brasileira masculina de voleibol, Bernardinho, a série abre com o depoimento de Michael Jordan sobre sua busca pela excelência e os fundamentos que nortearam sua brilhante carreira.

De forma simples e direta, Jordan ressalta a importância de fixar metas, manter o foco e não se deixar paralisar pelo medo, e conta como sempre encarou o fracasso como combustível para novas tentativas.

Navegando com o sucesso

VILFREDO SHÜRMANN

Depois de 18 anos ministrando palestras e oito realizando workshops, Vilfredo Schürmann percebeu que estava na hora de levar ao mundo dos negócios um relato das suas experiências de viagens ao redor do mundo.

No mar, o velejador descobriu que as dificuldades são importantes para o crescimento e a transformação. E foram inúmeros os desafios que ele e sua família enfrentaram ao longo dos mais de 20 anos de aventuras pelos mais perigosos e encantadores recantos do planeta.

Fazendo uma analogia entre as dificuldades da vida no mar e os desafios constantes do mundo dos negócios, *Navegando com o sucesso* discute os princípios comuns às duas áreas enquanto narra as experiências que os Schürmann viveram ao conhecer povos e culturas tão diversos.

Quero construir a minha história

FERNANDO DOLABELA

Empreendedorismo se aprende em casa. Pioneiro na criação de metodologias de ensino para incentivar o potencial empreendedor, Fernando Dolabela – autor de *O segredo de Luísa,* com mais de 200 mil livros vendidos no Brasil – busca agora conscientizar os pais de que eles têm um papel decisivo na formação do espírito empreendedor dos filhos. Respaldado por uma pesquisa acadêmica realizada com 1.309 empreendedores e empregados em 11 países, Dolabela usa a ficção para ilustrar como a família pode estimular ou inibir o empreendedorismo de crianças e jovens.

O monge e o executivo

James C. Hunter

Você está convidado a juntar-se a um grupo que, durante uma semana, vai estudar com um dos maiores especialistas em liderança dos Estados Unidos.

Leonard Hoffman, um famoso empresário que abandonou sua brilhante carreira para se tornar monge em um mosteiro beneditino, é o personagem central dessa envolvente história criada por James C. Hunter para ensinar de forma clara e agradável os princípios fundamentais dos verdadeiros líderes.

Se você tem dificuldade em fazer com que sua equipe dê o melhor de si no trabalho e gostaria de se relacionar melhor com sua família e seus amigos, vai encontrar nesse livro personagens, ideias e discussões que vão abrir um novo horizonte em sua forma de lidar com os outros. É impossível ler esse livro sem sair transformado.

Os segredos da mente milionária

T. Harv Eker

Se as suas finanças andam na corda bamba, talvez esteja na hora de você refletir sobre o que T. Harv Eker chama de "o seu modelo de dinheiro" – um conjunto de crenças que cada um de nós alimenta desde a infância e que molda o nosso destino financeiro, quase sempre nos levando para uma situação difícil.

Nesse livro, Eker mostra como substituir uma mentalidade destrutiva – que você talvez nem perceba que tem – pelos "arquivos de riqueza", 17 modos de pensar e agir que distinguem os ricos das demais pessoas.

O Estilo 80/20

RICHARD KOCH

Ao contrário do que o mundo moderno nos leva a crer, podemos aproveitar mais a vida, colocar as pessoas que amamos em primeiro lugar e nos dedicar à realização dos nossos sonhos. Segundo Richard Koch, o segredo para isso está em fazermos menos de modo geral, e não em nos esforçarmos mais.

Ele defende essa idéia com base no Princípio 80/20, segundo o qual um pequeno número de causas cria a maioria dos resultados.

Enquanto em *O Princípio 80/20* Koch deu ênfase à aplicação desse conceito à área empresarial, nesse livro ele mostra como empregá-lo à vida pessoal. Qualquer pessoa pode utilizá-lo para diminuir o esforço e as preocupações e alcançar mais plenitude e felicidade.

Você não precisa ser chefe para ser líder

MARK SANBORN

A liderança genuína não é conferida por um título pomposo nem está vinculada a determinados cargos. Na verdade, ela é demonstrada por meio de suas ações cotidianas e pelo modo como você influencia a vida das pessoas.

Você não precisa ser chefe para ser líder: basta ter um desejo forte e sincero de fazer uma diferença positiva e perceber as oportunidades de liderar que se apresentam a cada dia – no trabalho, em casa, com seus amigos e parentes ou dentro da sua comunidade.

O experiente consultor Mark Sanborn usa ótimas histórias para mostrar que a essência da liderança tem a ver com pessoas comuns alcançando feitos extraordinários, aproveitando suas habilidades para melhorar o lugar onde vivem e trabalham e para se destacar e crescer profissionalmente.

Descubra seus pontos fortes

Marcus Buckingham e Donald O. Clifton

Baseado em pesquisas feitas pelo Instituto Gallup com mais de 2 milhões de pessoas, *Descubra seus pontos fortes* muda nossa maneira de pensar sobre o aprimoramento de nosso desempenho profissional.

Para ajudar você a descobrir quais são e como aprimorar seus talentos e de seus colaboradores, esse livro traz um programa completo em torno do teste *Descubra a Fonte de seus Pontos Fortes,* que você também poderá fazer pela internet para descobrir seus cinco talentos dominantes.

Como a Starbucks salvou minha vida

Michael Gates Gill

Depois de perder tudo – o emprego, o status, a família, a saúde –, o futuro parecia sombrio para Michael Gates Gill, ex-diretor de criação de uma grande agência de publicidade. Aos 63 anos, porém, ele teve o encontro que mudaria sua vida: Crystal Thompson, 28 anos e negra, gerente de uma loja da Starbucks, lhe ofereceu um emprego na cafeteria. Ele aceitou.

Num relato comovente, Michael conta sua surpreendente história. Da alta sociedade americana, o ex-executivo levava uma vida cercada de privilégios até que uma sequência de acontecimentos inesperados – sua demissão, um filho fora do casamento, o divórcio e a descoberta de um tumor no cérebro – o obriga a começar do zero.

Como a Starbucks salvou minha vida é a história real de um homem que descobriu que a felicidade não está em quanto você ganha ou no cargo que ocupa, mas na capacidade de desenvolver relações verdadeiras e trabalhar com amor.

Conheça os 50 Clássicos da Editora Sextante

Espiritualidade/Inspiração

A cabana, de William P. Young
Muitas vidas, muitos mestres, de Brian Weiss
Jesus, o maior psicólogo que já existiu, de Mark W. Baker
Conversando com os espíritos, de James Van Praagh
A última grande lição, de Mitch Albom
O Mestre dos Mestres, de Augusto Cury
O Poder do Agora, de Eckhart Tolle

Negócios

O monge e o executivo, de James C. Hunter
Como se tornar um líder servidor, de James C. Hunter
Jesus, o maior líder que já existiu, de Laurie Beth Jones
O ócio criativo, de Domenico De Masi
Faça o que tem de ser feito, de Bob Nelson
A hora da verdade, de Jan Carlzon
Transformando suor em ouro, de Bernardinho

Ficção

O Código Da Vinci, de Dan Brown
Ponto de Impacto, de Dan Brown
Anjos e Demônios, de Dan Brown
Fortaleza Digital, de Dan Brown
As cinco pessoas que você encontra no céu, de Mitch Albom
O guardião de memórias, de Kim Edwards
A conspiração franciscana, de John Sack

Livros de bolso

Dez leis para ser feliz, de Augusto Cury
Seja líder de si mesmo, de Augusto Cury
Você é insubstituível, de Augusto Cury

Palavras de sabedoria, de Sua Santidade, o Dalai-Lama
A vida é bela, de Dominique Glocheux
Filtro solar, de Mary Schmich
Posso conseguir o que desejo, de Iyanla Vanzant
Quem acredita sempre alcança, de Peter McWilliams

Autoajuda

Por que os homens fazem sexo e as mulheres fazem amor?, de Allan e Barbara Pease
Desvendando os segredos da linguagem corporal, de Allan e Barbara Pease
Por que os homens mentem e as mulheres choram?, de Allan e Barbara Pease
Nunca desista de seus sonhos, de Augusto Cury
Pais brilhantes, professores fascinantes, de Augusto Cury
Não leve a vida tão a sério, de Hugh Prather
Mantenha o seu cérebro vivo, de Laurence Katz e Manning Rubin
A Boa Sorte, de Álex Rovira Celma e Fernando Trías de Bes
Enquanto o amor não vem, de Iyanla Vanzant
O poder da paciência, de M. J. Ryan
Os segredos da mente milionária, de Harv T. Ecker

Coleção *Você S.A.*

Aprendendo a lidar com pessoas difíceis, de Rick Brinkman e Rick Kirschner
Como administrar seu tempo, de Marc Mancini
Como motivar sua equipe, de Anne Bruce

Coleção *Autoestima*

O poder das afirmações positivas, de Louise Hay
Histórias para aquecer o coração, de Jack Canfield e Mark Victor Hansen
Lições sobre amar e viver, de Morrie Schwartz

Referência

1001 filmes para ver antes de morrer, de Steven Jay Schneider
1001 discos para ouvir antes de morrer, de Robert Dimery
1001 vinhos para beber antes de morrer, de Neil Beckett
1.000 lugares para conhecer antes de morrer, de Patricia Schultz

INFORMAÇÕES SOBRE OS PRÓXIMOS LANÇAMENTOS

Para receber informações sobre os lançamentos da Editora Sextante, basta cadastrar-se diretamente no site www.sextante.com.br

Para saber mais sobre nossos títulos e autores, e enviar seus comentários sobre este livro, visite o nosso site www.sextante.com.br ou mande um e-mail para atendimento@esextante.com.br.

Editora Sextante
Rua Voluntários da Pátria, 45 / 1.404 – Botafogo
Rio de Janeiro – RJ – 22270-000 – Brasil
Telefone: (21) 2286-9944 – Fax: (21) 2286-9244
E-mail: atendimento@esextante.com.br